돕는 기도

돕는 기도

프랭크 루박

유정희 옮김

규장

기도를 통해 일어나는 일들은
이 세상이 상상하는 것보다 훨씬 더 많다.
그러니까 나를 위해 너희 목소리가
밤낮 분수처럼 뿜어져 나오게 하라.
사람들이 하나님을 머리로만 알면서
자기 자신을 위해서 그리고 친구들을 위해서
기도의 손을 들지 않는다면
맹목적으로 살아가는
양이나 염소들보다 나을 것이 무엇인가?
세상은 온통
하나님의 발을 둘러싼 금줄로 묶여 있다.

_테니슨(Tennyson)

사람과 세상을 움직이는 가장 강력한 무기

차 례

chapter 01 세계 지도자들을 위해 기도하라 ··· 9

chapter 02 교회를 위해 기도하라 ··· 39

chapter 03 어떻게 기도로 하나님을 돕는가? ··· 67

chapter 04 중보기도를 실험하라 ··· 89

chapter 05 어떻게 그리스도로 충만해지는가? ··· 123

chapter 06 기도를 다시 시작하라 ··· 153

01
—
세계 지도자들을 위해 기도하라

오직 하나님의 무한한 능력을 발산하는 기도만이
사람들의 마음과 생각을 위한 이 마지막 전투에서 승리할 수 있다.

.

[전쟁은 끝나지 않았다]

"열심히 기도합시다, 여러분. 그렇지 않으면 이 배가 폭파될 것입니다."

한 미국인 선원이 말했다. 그는 자신이 타고 있는 항공모함뿐 아니라 '지구라는 훌륭한 배'에 대해 진실을 말한 것이었다. 상처받은 우리의 세상은 온통 구덩이와 불길로 가득하기 때문이다. 한 번 더 세계 전쟁이 일어난다면 우리는 모두 멸망하고 말 것이다.

"열심히 기도하세요, 여러분. 그렇지 않으면 이 배는 폭파될 것입니다."

그것은 그들이 냉철함을 유지하도록 도와주었고, 그 덕에 그들은 불을 끄기 위한 바른 조치를 취할 수 있었고, 그들의 배는 침몰하지 않았다. 기도가 우리를 위해 하는 일이 그와 같은 것이다. 우리가 올바른 일을 하려면 냉철하고 침착해야 한다. 즉, 우리의 배인 지구가 생존하려면 증오와 편견의 불을 꺼야 한다. 다른 무엇도 소용이 없을 때 기도는 증오와 공포를 없애줄 것이다.

미국 통신사(United Press)가 발표한 다음 증언이 이 점을 잘 설명해준다.

바탄(Bataan, 필리핀 바탄 반도)이 함락된 후 3년 동안 매주 주일에 모여 연합군 지도자들을 위해 하나님의 인도하심을 구하며 기도한 열두 명의 소년들이 오늘 미국 장군으로부터 개인적인 감사 인사를 받았다.

너무 어려서 전투에 가담하지 못한 이 소년들은 바탄이 함락된 지 열흘 후 자신들도 승리에 도움이 될 만한 무언가를 하기로 결심했다. 그 일이 바로 '기도'였다. 전쟁 포로가 되어 어쩔 수 없이 강제로 '죽음의 행진'(Bataan Death March)을 해야 했던 에드워드 킹(Edward P. King) 총사령관이 어제 그 소년들을 방문했다. 일본 포로수용소에 2년 이상 수용되어 있다가 돌아온 그는 열세 살, 열네 살의 어린 소년들에게 개인적으로 고맙다는 말을 하고 싶다고 했다. 믿음은 죽음에 직면해 있는 군인들에게 다른 무엇보다 더 의미가 있다고 했다. 그는 "살 가망이 없는 사람들은 하나님과 매우 가까워집니다"라고 말했다.

"평화로울 때는 목사를 피하던 사람들도 죽음을 앞둔 상황에서는 목사를 만나기 위해 10마일이라도 걸어옵니다."

킹은 바탄에 있던 사람들이 애틀랜타의 이 기도 모임에 대해 알기를 바란다고 했다. 그는 매주 드린 그들의 기도가 큰 영향을 미쳤다고 확신했다. 바싹 야윈 사령관의 이야기를 듣고 있던 소년들의 얼굴이 환해졌다. 그들은 이미 맥아더 장군, 니미츠 해군 제

독, 루즈벨트 대통령, 몽고메리 육군 원수, 윈스턴 처칠 총리와 킹 총사령관에게 감사 편지를 받았다.

그 소년들은 매주 기도 모임에서 한 사람씩 이름을 불러가며 기도하기 시작했다. 모임을 마칠 때까지 150명을 위해 기도했고, 그렇게 주일마다 그들을 위해 반복해서 기도했다. 기도 모임의 리더인 제임스 워싱턴은 그 모임을 만든 계기가 맥아더 장군의 말 때문이었다고 했다. 맥아더는 필리핀이 함락된 직후 그 소년들에게 "하나님의 인도하심 가운데서 우리는 결코 실패할 수 없다"라는 글을 편지로 써 보냈다. 제임스 워싱턴은 맥아더의 말이 무슨 뜻인지 소년들에게 설명해주었다고 한다. 그때 소년들은 연합군 지도자들을 위해 정기적으로 기도하기로 결정했다. 그들은 주일마다 작은 주일학교 교실에서 모였다. 그리고 머리 숙여 기도했다. 때로는 기도와 더불어 편지를 쓰기도 했는데, 곧 유명한 연합군 지도자들로부터 대부분 답장을 받았다.

괌에서 해병대를 지휘했던 로이 가이거(Roy S. Geiger) 소장은 편지에 이렇게 썼다.

"집과 사랑하는 이들을 멀리 떠나 망망한 태평양 한가운데 있는 우리에게, 우리가 사람들의 생각 또는 기도 속에서 잊혀지지 않고 있다는 사실이 참으로 큰 위로와 감동을 줍니다."

니미츠 제독은 1942년 8월, 소년들에게 "궁극적인 승리를 위한 여러분의 기도는 반드시 응답될 것입니다"라고 썼다.

루즈벨트 대통령은 사망하기 3주 전에 열두 명의 소년들에게 다음과 같은 글이 새겨진 사진을 보내주었다.

"바탄 기도 모임의 소년들에게, 여러분의 친구로부터."

우리는 지금 전승 기념일이 전쟁의 종식을 알리는 것이 아니며 단지 초기 전투의 끝일 뿐이라는 것을 알고 있다. 이 전쟁은 20년이 지나도 끝나지 않을 것이다. 우리가 평화를 얻을 때까지는 전쟁에서 이긴 것이 아니다. 샌프란시스코 회의를 개최하게 해주신 하나님께 감사드린다. 하지만 그것은 평화를 향해 나아가는 첫 걸음에 불과했다. 증오의 불길이 전 세계적으로 역사상 그 어느 때보다 맹렬하게 타오르고 있기 때문이다. 남아프리카나 미국 남부 인종 간의 증오가 나치의 유태인 학살만큼 끔찍한 유혈 사태로 이어질 가능성도 있다. 인도, 중국, 아르헨티나 그리고 유럽 전역에 세계를 폭파해버릴 만한 폭탄들이 가득하다.

우리는 천만 명의 새로운 군대를 동원하여, 그들이 로켓 폭탄의 파괴력만큼이나 강한 평화의 무기를 사용하도록 훈련시켜야 한다. 다른 무기들은 적을 파멸시키지만 이 무기로는 적을 친구로 바꾸어야 한다. 폭탄이 세계에 남긴 끔찍한 상처들을 치료해주어야 한다. 오직 하나님의 무한한 능력을 발산하는 기도만이 사람들의 마음과 생각을 위한 이 마지막 전투에서 승리할 수 있다. 이것은 증오와의 싸움이며 '하나의 세계'를 위한 싸움이다.

예수님이 거듭 말씀하셨듯이, 올바른 기도는 산을 옮길 수 있고 무엇이든 성취할 수 있다. 이 전쟁이 일어나기 전에는 많은 사람들이 예수님의 말씀을 '동양적인 과장'(oriental exaggeration)으로 여기거나 적어도 우리 시대에는 맞지 않는다고 생각했다. 그러나 사람들의 생각이 바뀌고 있다. 기도의 능력을 믿는 믿음으로 돌아가려는 강하고 광범위한 움직임이 일어나고 있다. 그런 움직임은 최전선으로부터 시작되었다.

수많은 사람들이 다음의 책들을 읽었다.

일곱 사람이 살아남았다(Seven Came Through) - 에드워드 V. 리켄배커(Edwrad V. Rickenbacker)

하나님은 나의 동료 조종사(God Is My Co-Pilot) - 로버트 L. 스코트(Robert L. Scott)

몰타의 기적(The Miracle of Malta) - 윌리엄 도비(William Dobbie)

그리고 하나님은 거기 계셨다(And God Was There) - 에버니즈 브링크(Ebenezer Brink)

우리 전사들의 믿음(Faith of Our Fighters) - 엘우드 C. 낸스(Ellwood C. Nance)

전함 위의 하나님(God On A Battle Wagon) - 제임스 클레이풀(James Claypool)

위대한 응답(The Great Answer) - 마가렛 리 런벡(Margaret Lee Runbeck)

아마 미국에 있는 모든 사람들이 수많은 잡지 기사에서 기도가 응답되는 것을 보았다는 군인, 선원, 비행사들의 글을 읽었을 것이다.

오늘날 교육을 받은 사람들 중에 기도의 능력을 의심하는 사람은 거의 없다. 그러나 수많은 사람들이 죄책감에 사로잡혀 있다. 우리가 다른 방면에서는 과학적 탐구를 통해 방대한 결과를 얻었으면서 기도에서 나올 수 있는 강력한 에너지를 조사하고 활용하지 못했기 때문이다. 특히 역사적으로 가장 중요한 이 시기에, 우리가 모든 자원을 총동원해야 할 이때에, 가장 훌륭한 자원을 간과해온 것 같아 두렵다.

지금이라도 우리는 기도를 소홀히 하지 말아야 할 것이다! 코델 헐(Cordell Hull)*이 엄숙히 경고했듯이 "인류는 경험상 가장 중대한 위기에 직면해 있다. 현장에 있는 우리는 인류가 어느 길로 가고 있는지 말해주어야 한다."

사실 우리는 무시무시한 딜레마에 빠져 있다. 과학은 시간당 3,500마일을 갈 수 있는 로봇과 대량 살상이 가능한 악독한 고성능 폭약을 개발해왔다. 그래서 모든 과학자들은 "3차 세계대전이 일어나면 우리는 살아남을 수 없다"는 앤서니 이든(Anthony Eden)*과 아이젠하워(Eisenhower)* 장군의 말에 동의한다. 하지만 우리는 아직 '영원한' 평화를 이루지 못했다. 그것이 우리의 딜레마다. 이제 우리는 아직 가본 적이 없는 곧고 좁은 길을 찾아 그 길을 따라가야 한다. 그 길을 찾아내지 못하면 우리는 멸망하고 말 것이다.

평화를 향한 길은 아직 가보지 않은 길이지만, 알려지지 않은 길은 아니다. 그것은 예수님이 우리에게 이미 알려주신

---

* 코델 헐(Cordell Hull), 1871-1955. 미국의 최장수 국무장관. 국제연합 결성의 공로로 노벨 평화상을 수상함
* 앤서니 이든(Anthony Eden), 2차 세계대전 당시 영국의 외무장관, 이후 수상이 되었다
* 아이젠하워(Eisenhower), 2차 세계대전 당시 연합군 최고사령관이자 이후 미국의 34대 대통령이 되었다

길이다. 말로만이 아닌 행동으로 "네 이웃을 네 자신과 같이 사랑하라." 예수님처럼 모든 사람이 다른 사람을 도우며 살아가자. 강한 사람들은 모든 사람이 동등한 기회를 가질 수 있도록 개인의 이익을 희생하자. 우리가 이 예수님의 길을 따른다면 평화에 이를 것이다.

그러나 사람들은 그렇게 급진적으로 달라지는 것을 원치 않는다! 그들은 여전히 이기적인 탐욕을 따라 행하려 한다. 평화협상을 할 때에도 각 나라들은 서로 특권을 가지려고 다투고, 재계의 이익단체들 역시 서로 이익을 얻으려고 하다보니 결국 서로 증오하는 관계가 되었다. 반덴버그 (Vandenberg) 상원의원은, 샌프란시스코 회의가 열리기 전에도 각 나라들이 서로 "미국 먼저", "영국 먼저", "러시아 먼저"라고 주장하고 있었고, 바로 그런 태도가 모든 전쟁의 원인이 되어왔다고 했다. 우리가 "온 세계 먼저"라는 마음 자세를 갖기 전까지는 영원한 평화가 올 수 없을 것이다. 미국이든 영국이든 러시아든, 혹은 어떤 기업이든, 세계의 일부분이 모두의 행복만큼 중요할 수는 없다. 하나님의 나라가 이 땅에 임하는 것은 기독교 신앙일 뿐만 아니라, 영원한 평화에 이르는 유일한 길이다.

우리는 여전히 '예수님의 길'과 '탐욕의 길' 사이에서 싸우고 있다. 연합군은 이탈리아, 독일, 일본에서 암을 제거하였으나 그 암은 여전히 세계의 혈류를 오염시키고 있고, 우리가 우리의 체제에서 암 조직을 제거하지 않으면 암이 재발하여 우리를 죽이고 말 것이다. 하나님 외에는 아무도 우리의 혈류를 깨끗하게 하실 이가 없고, 하나님조차도 완전한 통로가 있어야만 그것을 제거하실 수 있다. 우리는 하나님의 기적이 일어나도록 기도해야 한다. 그렇지 않으면 멸망한다. 우리가 하나님께 순종하지 않으면 하나님은 우리를 지구에서 쓸어버리고 다시 시작하실 수밖에 없기 때문이다.

따라서 지금은 확신할 때도 아니고 절망할 때도 아니다. 바로 하나님을 의지해야 할 때다. 겸손과 회개, 필사적인 결단, 정직함, 진심으로 하나님의 뜻에 순종하는 태도가 필요한 때다! 지금은 모든 사람이 중요하다. 공적인 삶이든 사적인 삶이든, 젊은이나 노인 모두 똑같이 중요하다. 당신을 비롯해서 당신과 같은 그리스도인들이 얼마나 많이 모여서, 얼마나 광범위하게, 얼마나 자주, 충분히 기도하느냐에 세계의 미래가 달려 있다.

소수의 사람들이 세계 평화를 위한 계획을 세우고 있으며 그들의 말을 경청하는 몇백 명의 사람들이 있다. 나머지 우리, 수억 명의 사람들은 자신의 의견을 제시할 수 없다. 우리는 침묵할 수밖에 없지만 그렇다고 무력하게 있을 필요는 없다. 아무리 미약한 자라도 기도할 수 있기 때문이다. 수많은 평범한 사람들이 매일 세계 지도자들을 향해 끊임없는 기도의 빛을 비추어야 한다. 그들이 하나님의 말씀을 듣고 하나님의 뜻에 순종하도록 우리는 그들의 머리를 하나님을 향해 들어 올려야 한다.

충분히 많은 사람들이 충분히 기도하면 인간의 혈류 속에 세상에서 가장 강력한 약물이 투여될 것이다. 하나님이 우리를 통해 하나님 자신의 무한한 능력을 행사하실 수 있기 때문이다. 기도가 인간관계에 미치는 영향은 우리 몸에서 백혈구가 하는 역할과 같다. 우리 중에 충분히 많은 사람들이 충분히 기도한다면 영원한 평화가 임할 것이다. 그런데 우리가 기도하지 않고, 충분히 많은 사람들이 기도하지 않으면, 다시금 지옥이 속박에서 풀려나와 우리와 우리 가정을 피비린내 나는 대혼란 속에 빠뜨려 멸망시키고 말 것이다. 우리는 가장 강력한 적으로부터 이 세계를 구해야 한다. 그 적은 바로 전쟁이다.

"기도만으로는 충분하지 않을 것입니다"라고 당신은 말한다. "우리에게는 바른 행동이 필요합니다." 맞는 얘기다!

그러나 기도는 우리의 마음과 지도자들의 마음을 하나님께 여는 문이며, 그로 인해 우리는 모두 바른 행동이 무엇인지 알게 된다. 때로는 기도하면서, 때로는 기도하지 않으면서 이 두 가지를 다 시도해본 사람들이라면 누구나 트렌치 대주교(Archbishop Trench)의 아름다운 시 안에 진리가 있음을 발견했을 것이다!

하나님, 당신의 임재 안에서 보낸 짧은 한 시간이
우리 안에 얼마나 큰 변화를 일으키는지
우리의 가슴속 무거운 짐들이 사라집니다!

소나기가 내린 것처럼 마른 땅이 생기를 되찾고
우리가 무릎 꿇으니 주변의 모든 이들이 자신을 낮추는 듯하고
우리가 일어나니 먼 데와 가까이 있는 모든 이들이
밝은 분위기 속에서 용감하고 확실하게 앞으로 나아갑니다.

우리가 무릎 꿇을 때는 참으로 연약합니다!
우리가 일어날 때는 참으로 능력이 충만합니다!
그렇다면 우리가 왜 우리 자신이나 다른 사람들에게
이런 잘못을 범하는 걸까요!

왜 우리는 항상 강하지 않고, 때로는 근심에 짓눌려 있고,

늘 연약하거나 비겁하며 불안하거나 괴로울 수밖에 없을까요!

우리는 기도할 수 있고 하나님과 함께할 때

기쁨과 능력과 용기가 있는데 말입니다!

[졸졸 흐르는 시내가 아니라 강이 필요하다]

"기도로 세계를 구원할 수 있다면 왜 신실한 자들의 기도로
이미 세계를 구원하지 못했을까?"라고 한 친구가 물었다.

우리에게는 강이 필요한데 그들의 기도는 졸졸 흐르는 시
냇물이었기 때문이다. 지금 세계는 서로 우위를 점하기 위해
싸워온 총체적인 생각의 결과물이다. 우리가 이런 세계 전쟁
을 치른 것 역시 전 세계의 뜻이 하나님의 뜻과, 또 다른 이
들의 뜻과 서로 엇갈렸기 때문이다. 하나님과 함께 일하며
계획을 세우는 사람들의 수가 하나님의 뜻에 어긋나는 목적
을 가진 사람들보다 훨씬 적었다. 수억 명이 필요할 때 수백
명이 기도하고 있었다. 매주, 매년 '쉬지 않고' 기도했어야
하는데, 사람들은 고작 일주일에 몇 분 동안만 기도했을 뿐
이다.

[대규모 기도회의 힘]

기도는 우리가 "하나님이 더 열심히 일하시도록 설득하는" 것이 아니다. 우리가 더 분발하도록 설득해야 할 대상은 세계 지도자, 정치인, 성직자들이다. 우리는 기도할 때 하나님을 돕는다. 수많은 사람들이 지도자들을 위해 기도할 때 우리 눈에 보이지 않지만 강력한 영적 능력이 우리의 마음과 눈을 하나님을 향하여 들어 올린다. 하나님의 성령이 우리의 기도를 통해 그들에게 흘러가 그들에게 직접 말씀하실 수 있다.

우리는 런던 화이트홀(Whitehall)이나 모스크바 크렘린(Kremlin) 궁전에 들어가 그들에게 무엇을 하라고 말하기보다 기도함으로써 세계를 위해 더 많은 일을 할 수 있다. 기도로 할 수 있는 일은 훨씬 더 많다! 그들이 우리의 제안을 듣는다 해도 우리가 틀릴 가능성도 있다. 하지만 그들이 하나님의 말씀을 들을 때 그 말씀은 반드시 옳다. 세계 지도자들이 우리의 말을 듣는 것보다 하나님의 말씀을 듣는 것이 훨씬 더 좋은 일이다.

우리가 백악관에 들어가 미국 대통령에게 조언할 수는 없다. 아마 우리가 편지를 보내더라도 대통령은 읽을 시간조

차 없을 것이다. 그러나 우리는 우리의 조언보다 훨씬 더 중요한 것을 그에게 줄 수 있다. 그를 들어 올려 하나님의 임재 안으로 들어가게 해줄 수 있고, 하나님의 지혜를 갈망하도록 만들 수 있다. 그것이 다른 사람을 위해서 우리가 할 수 있는 가장 큰 일이다. 우리는 생각날 때마다, 하루에도 몇 번씩 기도를 통해 백악관을 방문할 수 있고, 그렇게 방문할 때마다 하나님과 대통령 사이를 이어주는 통로가 될 수 있다.

[세상에서 가장 강력한 힘]

한 목회자의 머릿속에 이런 생각이 섬광처럼 떠올랐다.

그는 이렇게 소리쳤다.

"아, 이것이 정말 사실이라면 우주에서 가장 강력한 진리입니다! 충분히 많은 사람들이 충분히 자주 기도하면 온 세상 사람들이 하나님을 바라보며 그분의 말씀을 들을 수 있다는 뜻이잖습니까? 우리가 세상을 변화시킬 수 있다는 것입니다."

그의 말이 맞았다. 기도는 세상에서 가장 강력한 힘이다.

기도의 힘은 수없이 많이 입증되어 왔다. 충분한 사람들이 충분히 많이 기도했다면, 우리가 정말 충분히 기도했다면 세상을 구원할 수 있었을 것이다!

하지만 그는 흥분한 나머지 너무 멀리 갔다.

"그리스도인들이 하루에 1분만 하던 일을 멈추고 기도한 다면 세계를 구원할 수 있을 것입니다."

나는 그것으로 충분하다고 생각하지 않는다. 햇빛이 하루에 1분만 비춘다면 어떤 생명도 살지 못할 것이다. 생명 자체는 태양빛에 의존한다. 그러나 수많은 빛 가운데 단 한 줄기의 빛이 생명을 낳는 것은 아니다. 수많은 빗방울 중에 단 한 방울만 나무의 뿌리로 흘러들어가는 것은 아니다. 수많은 씨앗들 가운데 단 하나의 씨만 싹을 틔우는 것은 아니다. 킴벌리(남아프리카공화국 다이아몬드의 도시)에서 수많은 흙 가운데 퍼 올린 한 삽에서만 다이아몬드를 발견하는 것은 아니다. 붕장어의 모든 알에서 붕장어가 태어난다면, 그리고 먹이가 충분하다면 2년 안에 지구에서 태양까지 모든 공간을 가득 채울 만큼 많아질 거라는 말이 있다. 자연은 그렇게 풍족하다!

우리의 글이나 말 중에 극히 일부가 사람들을 감화시켜서 행동하게끔 한다. 따라서 우리의 기도가 항상 의도한 사람에게 미치지 않더라도, 우리의 모든 기도가 어딘가에 있는 누군가에게 도달한다는 것을 발견한다면, 그것이야말로 우리가 구할 수 있는 모든 것, 아니 그 이상일 것이다! 사실 우리 그리스도인들이 끈질기게 기도하고 '낙심하지 않으면' 예수님이 명령하신 대로 우리가 세상을 변화시킬 것이다. 그러나 의심하면서 가끔씩 드리는 미약한 기도로는 미약한 결과밖에 낳지 못할 것이다. 하루 1분의 기도만으로는 세상을 구원할 수 없다!

[쉬운 승리란 없다]

따라서 우리는 쉬운 승리를 기대하지 않도록 조심해야 한다. 기도는 힘이 있지만, 한 번 쳐서 모든 것을 깨부수는 커다란 망치와 같은 힘은 아니다. 그것은 복을 주는 햇빛과 빗방울과 같은 힘이다. 아주 많은 기도가 모여야 하기 때문이다. 그리스도인들은 하루 1분이 아니라 가까이 있는 사람들과 멀리 있는 사람들에게 수백 번의 즉각적인 기도를 쏘아 보내는 법을 배워야 한다. 많은 기도가 눈에 보이는 결과를 가져오지 않더라도, 적어도 일부는 적중하리라는 것을 알기 때문이다. 돌들로 늪을 메우려고 할 때 수많은 돌들이 물 밑으로 사라져야 하나의 돌이 늪 표면에 드러나게 된다. 그러나 모든 돌이 다 필요한 것이다.

미국에서 천만 명의 기도하는 사람들이 매일 여러 번 몇 초간 하던 일을 멈추고 대통령이나 상원의원들에게 기도를 쏘아 보낸다면 부드러운 영적인 힘이 그들을 의자에서 거의 들어 올리는 것을 느낄 것이다. 천만 명이 그 일을 시도해 보자. 엽서나 전보로 이 지도자들에게 우리가 기도하고 있다고 알림으로써 그들이 하나님의 음성을 듣도록 도울 수 있다.

한 친구가 이렇게 말했다.

"하지만 기도에 동참할 천만 명을 찾을 수 있겠습니까? 그것은 단지 환상이 아닐까요?"

[5억 명을 동원하자]

몇 가지 계산을 해보았다. 교인들에게만 의존할 것이 아니라 정말 기도해야 할 이유가 있는 사람들을 찾아보았다. 아들을 잃은 사람들, 사랑하는 이들과 헤어진 사람들, 군대에 간 남자들의 아내와 연인들, 그들의 아버지, 어머니, 형제, 자매, 사촌, 절친한 친구들, 첫 아이를 낳고 남편을 떠나보낸 젊은 어머니들을 찾았다. 이들은 모두 하나님을 바라보며 기도한다.

죽음에 직면한 소년들, 부상으로 평생 불구로 살아가게 된 소년들도 마찬가지다. 눈이나 팔이나 다리를 잃은 소년들은 기도해야 한다. 그들 자신이 반드시 필요한 존재임을 느끼지 못하고, 무력하게 절망에 빠져 방관자로 살아가야 한다면 점점 더 깊은 슬픔에 빠지거나 미쳐버릴 것이다.

이 기도 부대에는 스스로 다 살았다고 생각하는 노인들도 포함되어 있다. 젊어서 종교 없이 살다가 나이가 들면서 하나님을 의지하게 된 많은 이들이 스스로 쓸모없고 외롭고 사회에 짐이 된다고 느낀다. 남편이나 아내가 죽고 자식들이 출가해서 떠나고 나면 어머니나 아버지는 홀로 남는다. 이 외로운 노인들 역시 기도가 변화를 일으킬 거라고 확신한다면 간절히 기도하고자 할 것이다.

그 밖에도 외로운 사람들이 많다. 예를 들면 모든 것이 갖추어진 방에서 잠을 자고 카페나 레스토랑에서 식사를 하는 독신 남성과 여성들, 여행지에서 만나는 사람들과 좀처럼 친해지지 않고 길에서 스쳐 지나가는 수많은 사람들과 말도 하지 않는 사람들이 있다. 그들도 기도하고자 할 것이다. 연구소 직원들, 과학자들, 직업상 시끄러운 기계 소리를 들으며 일하는 사람들 역시 사람들에게 둘러싸여 있더라도 항상 외롭다. 대화를 나눌 수 없기 때문이다. 그들은 기도할 수 있다.

아무 생각 없이 손으로 반복적인 일을 하는 수많은 사람들 역시 일하느라 책을 읽을 수는 없어도 기도는 할 수 있다. 더욱이 세상을 구원하기 위해 그들의 기도가 너무나 중요하다는 것을 알면 그들은 기도할 것이다. 여자들은 자신들의 기도가 자녀와 그 자손들의 미래를 만들어가는 데 도움이 된다고 믿으면 바느질, 청소, 요리, 설거지를 하면서, 침구를 정리하면서, 또 아이들을 돌보면서 기도할 것이다. 로렌스 형제(Brother Lawrence)가 수도원 주방에서 허드렛일을 하면서도 기도했던 것처럼 말이다.

이런 사람들을 다 모으면 1억 명이 넘는다. 그들은 모두 몇 시간씩 기도할 수 있다. 그들은 머릿속으로 아무 생각도 하지 않을 때가 많고, 그들의 마음은 고독하다. 자신이 꼭 필요한 사람이며, 어딘가에 소속되어 있다고 느끼고 싶어 한다. 그들은 자신이 세상에 정말 도움이 되는 일을 하고 있다고 느끼기 원한다. 세계의 미래가 그들의 기도에 달렸다는 것을 믿으면 아마 잘 대처할 것이다.

유럽과 아시아에서 무수히 많은 사람들이 집을 잃고, 가족을 잃고, 직장을 잃고, 희망을 잃은 채 지옥의 공포에 빠져 있다. 그들은 하늘 외에는 바라볼 곳이 없다. 4억 명의 사람들이 전쟁의 희생자들이다. 그들은 처참하고, 막막하고, 아프고, 절망스러우며 무엇이든 붙잡으려고 한다. 오직 기도함으로 다른 세상이 올 수 있다면 그들은 간절하고 절실하게 기도할 것이다.

그러나 그 마음이 마치 번화한 거리처럼 활동적인 사람들, 너무 바빠서 이 페이지를 대충 건너뛰는 사람들은 어떤가? 그들은 사람들, 문제들, 생각들로 꽉 차 있다. 그래서 기도할 시간이 없다고 생각한다. 하지만 그것은 착각이다. 아무리 바쁜 삶이라도 매일 틈새 시간이 백 번은 있고, 이 틈에 새로운 세상을 세워갈 사람들을 위해 기도의 불빛을 쏘아 보낼 수 있다. 가족이나 직장 동료들에게 둘러싸여 있을 때에도 즉흥적인 비밀 메시지를 하나님께 보낼 수 있다.

이 막대한 '인력'의 저장소에서 천만의 군대를 모집할 수 있다. 2차 세계대전 동안 미국 군대에 들어간 수만큼은 될 것이다. 그들 중 일부는 하루에 백 번의 틈새 시간을 기도로 채울 것이며, 어떤 이들은 열 번을 채울 것이다. 1억 개의 기도가 매일 세계 지도자들을 덮을 때 이들은 거룩한 책임감에 사로잡힐 것이며, 인류에 대한 거룩한 사랑, 하나님을 바라보고 그분의 계획을 받아들이고자 하는 큰 열망과 갈급함을 갖게 될 것이다.

또한 천만 명이 세계 지도자들을 위해 기도할 때 그들뿐만 아니라 우리에게 어떤 일이 일어날지 생각해보라. 기도는 우리의 시야를 넓히고, 세상의 문제에 대해 더 큰 관심을 갖게 한다. 우리가 이 사실을 알 때 더 지혜롭게 기도할 수 있게 될 것이다. 이 세상을 돕는 수천 가지 아이디어가 떠오를 것이다.

[너무 작은 기도]

수많은 사람들이 전쟁 기간 동안 그들의 아들, 남편, 형제들이 무사히 돌아오기를 기도해왔다. 그것은 좋은 일이다. 하지만 거기서 끝나서는 안 된다. 우리의 가까운 친족 또는 우리나라에서 끝나는 기도는 너무 작다.

"제 아들이 살아서 무사히 돌아오게 해주소서. 우리를 죄와 위험에서 구해주소서. 우리나라를 축복해주소서."

이것은 좋은 기도지만 너무 작다! 군인인 아들을 위해 기도할 때 우리는 그들이 세상을 향한 하나님의 뜻을 위해 싸우게 해달라고 기도해야 할 것이다.

[이기적인 마음은 미래를 위협한다]

지금 가장 필요한 기도는 지도자들이 속히 더 큰 사람이 되게 해달라는 기도이다. 통합된 세계를 위한 계획을 세우는 사람들은 투철한 애국주의 국가 지도자들이었다. 따라서 그들의 관점은 자기 나라에 대한 사랑으로 왜곡될 수밖에 없다. 그들은 자국민들을 열렬히 사랑하면서 대체로 다른 민족들에 대해서는 편견을 가지고 있다. 그리고 본능적으로 자기 나라의 이익을 꾀하려 한다. 샌프란시스코 회의에 참석한 어느 신문기자는 "전 세계 70개의 작은 나라들이 각각 원하는 것을 얻으려고 작정한 듯하다. 큰 나라들과 다르지 않다"라고 묘사했다.

지난 몇 달간 신문과 라디오에서는 정치인들의 비난, 영국과 인도 지도자들 간의 싸움, 라틴 아메리카의 새로운 불신, 매일 일어나는 파업, 자본가와 노동자 간의 끊임없는 싸움, 인종 싸움, 중국의 내전, 외무장관 회의에서의 의견 분열, 제공권 분쟁, 국제 은행가들의 음모 등을 다루었다. 이렇게 이기심으로 서로 갈등하는 사례를 나열하자면 끝이 없고 추잡하다. 눈처럼 부드러운 기도의 소나기가 모든 나라의 지도자들에게 내려야 한다. 그래야만 그들이 시기와 의심, 탐욕, 편견, 분노와 증오가 가득한 사람이 되지 않도록 보호할 수 있고, 더 약한 나라들과의 협상을 주도함으로써 새로운 전쟁을 일으키지 않도록 막을 수 있다.

맥시코시티에서 범미 회의(Pan-American Conference)가 열렸을 때 그리스도인들이 모여서 모든 대표들을 위해 기도했다. 그 회의는 가장 낙관적인 예상을 넘어서는 합의를 이끌어냈다. 샌프란시스코 회의가 열리기 전 미연방교회 협의회(Federal Council of Churches)에서 구체적인 기도제목들을 보냈고, 회의 기간 내내 계속 기도하기 위한 기도 모임들이 조직되었다. 풀 수 없을 것 같던 문제들이 마침내 해답을 찾아냈다.

우리는 국회를 위해, 특히 상원의원들을 위해 기도해야 한다. 조약을 비준하거나 거부할 막강한 힘이 그들에게 있기 때문이다. 우리는 우리가 속한 주(州)의 국회의원들에게 편지를 써서, 우리가 그들을 위해 기도하고 있다는 것을 알려야 한다. 대부분 무명의 사람들이 보낸 편지가 워싱턴에서 읽힌다. 선출직 공직자들은 다른 사람들보다 유권자들에게 더 많은 관심을 기울이기 마련이다.

우리는 영국 수상과 하원, 러시아의 지도자들, 프랑스와 중국 당국을 위해, 그 밖에 급속히 변화하는 이 세상에서 권력의 자리에 오를 모든 사람들을 위해 기도해야 한다. 우리가 그들을 위해 하루에도 몇 번씩 10초간 기도한다면, 한 번에 30분간 기도하는 것보다 더 확실한 결과를 얻을 가능성이 크다. 신문을 읽다가 멈추고 10초간 세계의 문제에 영향을 끼칠 만한 유력자를 위해 기도하는 것은 매우 좋은 습관이다. 천만 명의 사람들이 신문을 읽고 중요한 사람과 사건을 위해 기도한다고 가정해보라! 천만 명이 이 일을 해야 한다면, 당신과 나도 해야 할 것이다. 우리가 앞서서 이끌 때 그들이 따라올 것이다.

우리가 기도해야만 상황이 좋아질 것이다. 우리의 영향력이 나타나는 곳이 있다. 불안해하거나 절망에 빠지거나 비난하는 것은 다 소용없다. 사태를 더 악화시킬 뿐이다. 세상의 분위기는 이미 좋지 않다. 그러나 우리가 기도 부대를 조직할 때 거대한 무리와 하나님이 우리와 함께하신다! 간절한 열망을 가진 사람들은 기도로 세상을 구원할 수 있다는 것을 알 때 기도할 것이다. 그들은 우리가 앞장서기를 기다리고 있다.

[기도를 부채질하는 벌들]

우리에게 필요한 것을 보여주는 완벽한 예가 바로 글렌 클라크(Glenn Clark)의 훌륭한 책 《주의 기도》(The Lord's Prayer)에 나오는 '부채질하는 벌들'의 비유다.

벌집에서 쉬쉬 하는 소리가 났다. 파도 소리와 비슷하다.
"부채질하는 벌들이에요"라고 늙은 양봉업자가 속삭였다.
"벌집을 달콤하고 신선하게 유지하는 게 그 벌들의 일이거든요. 그 벌들은 벌집 중앙을 향해 머리를 숙인 채 서 있어요. 날개가 얼마나 빠른 속도로 움직이는지 당신이 봤다면 아마 뿌연 안개처럼 보였을 거예요. 그들이 한쪽 입구로 나쁜 공기를 내보내는 동안 다른 쪽에서 깨끗한 공기가 들어온답니다."
늙은 양봉업자가 손에 촛불을 들고 벌집으로 다가가자 그 즉시 강한 바람 때문에 촛불이 꺼져버렸다.
노인은 이렇게 말했다.

"부채질하는 벌들은 나쁜 공기를 내보내고 신선한 공기가 들어오게 합니다. 자칭 그리스도인이라는 사람들이 해야 할 일이 바로 이런 것이 아닐까요?"*

그다음에 글렌 클라크는 이렇게 말한다.

미국의 일벌들은 필요한 만큼 많이 있다. 그런데 부채질하는 벌들은 부족하다. 오늘날 미국에 가장 필요한 것은 바로 '기도'다.

미국에서 사역한 복음전도자 조지 휘트필드(George Whitefield)는 약간 다리를 저는 사람과 항상 함께 다녔다. 그는 기도를 믿는 사람이었다. 휘트필드가 놀라운 사역적 성과를 거둘 수 있었던 것은 그의 설교뿐만이 아니라 그 중보자의 기도 덕분이었다.

몸이 불편해서 집 안에만 있는 사람들, 자신의 생이 끝났다고 생각하는 노인들, 자신의 삶을 가치 있게 만들 기회를 갈망하는 병약자들의 군대, 바로 여기에 미처 사용하지 않은 미국의 가장 큰 자원이 있다. 바로 자신의 삶이 가장 보잘것없다고 여기는 사람들이다. 건축자들이 버린 돌들, 그들이 모퉁이의 머릿돌이 될 것이다!

---

* 저자의 허락을 받아 사용함

당신이 집 안에서만 지낸다면 나와 함께 미국에서 시행되었던 가장 위대한 운동에 동참하지 않겠는가. 우리는 그 운동을 겸손히 이어가길 원한다. 집 안에만 있는 모든 사람들을 모집하여 부채질하는 벌들의 크고 조용한 군대를 만드는 것이다! 그 군대가 세계를 정복할 것이다!

이것은 하늘로부터 글렌 클라크에게 임한 거룩한 예언이었다!

[침묵이 소음보다 강하다]

기도는 조용하고 은밀하게 이루어지기 때문에 지혜로운 사람들이 아니고서는 기도를 과소평가하기가 쉽다. 우리는 종종 큰 소리가 침묵보다 더 중요하다고 속는다. 전쟁 소리가 소리 없이 자라나는 밀보다 더 중요한 것 같아도 말없이 자라는 밀은 수많은 사람들을 먹이지만 전쟁은 그들을 파멸시킨다. 기도가 역사의 흐름을 변화시킨 일이 얼마나 많았는지는 오직 하나님만이 아신다. 기도하는 많은 사람들이 오직 하늘에서만 그 상급을 인정받는다. 우리는 기도를 그만두고 연설이나 총같이 좀 더 시끄러운 것을 붙잡고 싶은 유혹을 받는다. 우리 자신의 동기가 뒤섞여 있기 때문이다. 물론 우리는 더 좋은 세상을 만드는 데 관심이 있다. 그렇지만 또한 우리가 한 일들에 대해 사람들로부터 인정을 받기 원한다.

하루 종일 남몰래 다른 사람들을 위해 기도하는 것은 우리의 이타심을 증명하는 시금석이다. 우리의 작은 자아가 점점 희미해지고 자신을 잊은 채 통로만 남아야 그 통로를 통해 하나님의 온기가 아무 제약 없이 흘러간다. 끊임없는 사랑의 기도 속에서. 가장 차원 높은 교감은 우리 자신을 위해 하나님께 무엇을 구하는 것이 아니라, 하나님이 우리를 통해 온 세상으로 흘러가시게 하는 것이다. 끊임없는 축복의 기도 속에서.

소돔이 구원받기 위해 의인 열 명이 필요했다. 지금 세상에는 천만 명이 필요하다. 여기까지 읽은 그리스도인이라면 누구나 그 천만 명 중 한 명이 되어야 한다. 그렇지 않으면 우리 세대를 구원하기에 부족할 것이다.

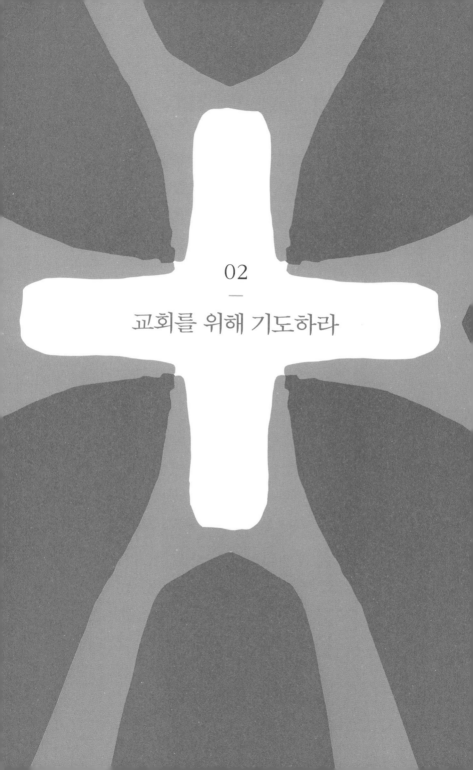

02
—
교회를 위해 기도하라

교회 안에 기도하는 사람이 한 사람만 있어도
영적인 온도를 높이는 데 큰 역할을 할 수 있다.

[누가 그 일을 할 것인가]

세상은, 평화협상에 나선 세 사람 또는 5백 명에 의해 구원받을 수 있지 않다. 비록 그들의 계획이 하늘로부터 왔다고 해도 말이다. 그들의 일은 정말 중요하지만 턱없이 부족하다. 그들은 서로 평화의 청사진을 그린다. 하지만 사람들이나 나라들이 부당하게 서로 미워하거나 괴롭힐 때 그 조약들은 휴지조각이 되고 만다. 이 세상에서 5명 중 4명이 지금 이렇게 하고 있다. 아프리카, 아시아, 동인도와 라틴아메리카에서 인류의 5분의 3에 해당하는 문맹인들은 노예로 살며, 가난하고, 굶주리고, 병들고, 갚을 희망이 없는 빚을 지고 있으며, 새벽부터 밤까지 끝없는 노역에 시달리고 있다. 인류의 5분의 3은 미국의 빈민가보다 더 심한 가난과 굶주림, 부패, 무지, 두려움과 절망에 빠져 있다. 이 전쟁이 유럽을 그런 상태에 빠뜨렸고, 지금 빈곤이 세계의 5분의 4를 덮고 있다. 이렇게 증오와 분노로 가득 찬 세계에서는 새로운 히틀러들이 출연하여 열렬히 군중들을 찾게 될 것이다.

이렇듯 절망에 빠진 희생자들이 지금의 상태에 대해 반기를 들고 일어나려 할 때 그들에게 폭격을 가하면 3차 세계대전을 막지 못할 것이다. 경찰이 12억 5천 명의 굶주린 희생자들을 탱크와 폭탄으로 진압할 수는 없다. 그들은 풍요로운 자들보다 5배나 더 많다. 그들을 진압하려면 정말 많은 사람들을 전멸시켜야 하는데, 그렇다면 우리보다 오히려 히틀러가 성자처럼 보일 것이다. 우리는 그들을 이기지 못할 것이다. 하나님은 2차 세계대전에서 우리와 함께하셨다. 하지만 만일 우리가 그들과 싸웠다면 억압당하는 자들의 편을 드셨을 것이다. 우리는 하나님과 그들에 의해 파멸되었을 것이다. 평화 문제의 핵심은 고통당하는 사람들을 위협하여 굴복시키는 힘이 아니라 그들의 빈곤을 치유하는 힘이다. 이것이 선한 사마리아인의 길이자 예수님의 길이며 유일한 출구이다.

우리는 상처로 곪아 터진 이 빈곤 지역을 최대한 빨리 치료해야 한다. 1965년이 되면 우리가 영원한 평화를 향해 가고 있는지, 끔찍한 지옥을 향해 가고 있는지 알게 될 것이다. 우리는 사랑의 섬김으로 수고해야 하며, 그러기 위해서는 헌신적인 사람들과 많은 재정이 필요할 것이다. 이 세상은 매우 넓기 때문이다. 누가 그 일을 할 것인가?

누가 적기에 그 일을 할 것인가? 진이 다 빠진 우리 연합군이 아니다. 네덜란드령 동인도제도에는 6천6백만 명의 문맹인들이 있고, 글을 읽고 쓸 줄 아는 사람은 4백만 명밖에

안 된다. 그러나 네덜란드인들도 굶주리고 있다. 그들은 앞으로 몇 년 동안 그들의 식민지에서 7천만 명의 경제적 수준을 높이거나 교육할 수 없다. 그러나 네덜란드령 동인도제도는 기다리지 않을 것이다. 우리가 그들을 돕지 않는다면 그들은 폭발해버릴 것이다. 프랑스가 이 재난의 때에 아시아나 아프리카의 여러 나라들을 도울 거라고 기대할 수도 없다. 일본이 프랑스령 인도차이나반도에서 쫓겨난 지금, 누군가가 그곳 사람들을 도와 일으키지 않으면 그들 역시 폭발하고 말 것이다. 전쟁의 충격에 빠져 있는 영국이 식민지에 많은 학교를 세우거나 5억에 달하는 문맹인들의 경제적 수준을 끌어올려줄 수도 없다. 적어도 10년간은 그럴 것이다. 하지만 누군가가 그들을 돕지 않는다면 그들은 폭발할 것이다.

미 국회가 세계에 적절한 도움이 될 거라고 기대할 수 있을까? 미국 정부는 2천억 달러가 넘는 빚을 지고 있다. 이것은 지금까지 역사상 가장 큰 빚이다. 상원의원과 하원의원들은 납세자들로부터 조세 부담을 감소시켜달라는 요구를 끊임없이 듣고 있다. 미 국회는 유럽 연합군과 자국의 식민지인 필리핀을 돕겠지만 아시아와 아프리카의 만성적인 두려움을 덜어주기 위한 일은 거의 하지 않을 것이다. 그러나 아시아와 아프리카는 기다려주지 않을 것이다. 미국이 유럽 사람들과 필리핀 사람들만 도와주고 나머지 사람들을 방치하면 결국 일본의 영혼들 안에 쌓인 인종적 편견에 대한 반감이 그들 안에도 똑같이 생길 것이다. 우리가 10년, 15년 그렇게 방치하다보면 아시아에서 3차 세계대전이 일어나고 말 것이다. 세계 유색인종들을 위한 방대한 프로그램을 즉시 시작해야 한다. 지체하면 그 대가로 우리 자신이 파멸할 테니 말이다. 그것은 반드시 해야 하는 일이다.

누가 그 일을 할 수 있을까? 바로 그 일을 할 만한 경제적 지위에 있는 미국 사람들이다. 미 정부는 2천억 달러가 넘는 빚을 지고 있다. 국채에 있어서 우리가 부자다. 정부의 빚이 많을수록 우리는 더 부유해진다. 이 국채의 1퍼센트만 해도 20억 달러가 넘으니, 빈곤과 절망으로부터 세계를 구원하기에 충분하다.

미국의 교회는 세계를 구원하기에 충분한 경제적 자원을 가지고 있을 뿐만 아니라 전 세계에 방대한 선교사 네트워크를 가지고 있다. 교회는 팔을 뻗어서 이 세계에서 절망적이고 위험한 상처 부위를 없앨 수 있다. 바로 그런 곳에서 다음번 전쟁이 잉태되고 있기 때문이다. 가장 궁핍한 사람들을 만나고 그들이 일으키는 일은 외교관들보다는 선교사들이 더 잘 준비되어 있다. 웬델 윌키(Wendell Willkie)는 세계 여행 이후 선교사들이 모든 나라에서 가장 인기 있는 외국인들이라는 사실을 발견했다고 보고했다. 대사나 영사들은 다른 나라의 공직자나 엘리트들과 어울린다. 그러나 선교사들은 가난한 자들의 오두막집에서 병자와 나환자들, 가장 더럽고 가장 무식한 사람들과 함께한다. 대중에게는 그들이 외교관이다. 그들은 겨우 최저임금만을 받으며 그리스도의 사랑 때문에 사역한다. 그들은 증오를 사랑으로, 악을 선으로, 무지를 빛으로 변화시킴으로써 정부가 100달러를 가지고 할 수 있는 일보다 더 많은 일을 10달러만 가지고도 할 수 있다.

해외선교협의회(Foreign Missions Conference)에서는 미국과 캐나다의 주요 개신교 단체들을 대표하여 선교사들이 세계 평화를 위한 일에 쓰임받기 원한다고 선언했다.

1945년 1월에 열린 연례회의에서는 다음과 같은 이야기가 나온 바 있다.

"우리는 3차 세계대전을 막으려는 전 세계 사람들의 처절한 열망을 깨달았고, 우리가 한 선교단체로서 빈곤과 편협과 불의와 무지를 제거해야 할 실제적이고 긴급한 책임이 있음을 절감합니다.

그런 것들이 남아 있으면, 정부가 아무리 할 수 있는 일을 다 한다 해도 반드시 큰 재앙이 초래되기 때문입니다. 우리는 교회의 선교 사역이 하나님의 손 안에 있는 도구로서, 전쟁의 원인이 되는 많은 것들을 치유하는 일에 쓰임받을 것을 믿습니다. 그리스도를 닮은 섬김과 변화의 손길을 통해 우리는 더욱더 힘차게 초인적인 임무를 수행해나갈 것입니다. 그것은 절망을 희망으로, 무지를 깨달음으로, 정체를 발전으로, 빈곤을 풍요한 삶으로, 질병을 건강으로, 미움을 사랑으로 변화시키는 일입니다."

1945년 6월, 협의회는 더 강력한 발언을 펼쳤다.

"생각이 깊은 사람들은 매우 필사적입니다. 그들은 희망을 원하고 계획을 세우기 원합니다. 실망하고 멍하게 쳐다보는 대신 뭔가 할 수 있기를 바랍니다. 교회는 선교 프로그램을 통해 단 하나의 궁극적인 희망을 보여줍니다. 그것이 바로 그리스도의 길입니다. 우리의 계획은 그리스도로 충만하고 잘 훈련된 선교사들을 많이 보내어 다음 전쟁이 잉태되고 있는 곪은 상처 부위를 모두 치료하는 것입니다. 이 일을 감당할 수 있는 조직과 영과 경험은 오직 선교 사역에만 있습니다."

좀 더 자세한 계획은 다음과 같다.

1. 교회에 말하고, 미국에 말하고, 전 세계에 말하라. "선교사들은 전쟁이 싹트고 있는 곳에서 빈곤과 무지와 증오를 없애도록 돕고 친밀하게 협력하는 세계를 만들기 위해 최선을 다할 것입니다. 우리에게 필요한 지원을 해주십시오. 하나님의 도우심으로 우리는 결코 실패하지 않을 것입니다."

2. 교회의 선교 사역을 더욱더 통합하라. 우리는 이미 통합된 의료 프로그램, 나환자를 위한 특별 프로그램, 통합된 농업 프로그램, 통합된 문맹퇴치 프로그램, 재활과 구호를 위한 통합 위원회, 라틴아메리카와 아프리카, 인도의 협력을 위한 통합 위원회가 있고, 대부분의 선교지에 통합기독교협회가 있다. 선교사들은 고국의 교회들보다 더 긴밀히 연합하며, 계속해서 더 가까워지고 있다.

3. 세계의 빈곤 지역들을 조사하고, 정부와 사람들에게 어떤 도움을 원하는지 물어보라. 그리고 말하라. "우리는 여러분만큼 고난을 겪지는 않았습니다. 이것은 겸손한 사랑으로 우리가 할 수 있는 최소한의 일입니다. 우리에게 남는 것들을 나눠드릴 수 있습니다. 특히 우리는 여러분이 자립할 수 있기를 간절히 원합니다."

4. 세계의 원조 요청에 근거하여 예산을 준비하고, 각 교인들에게 25달러 이상의 작정 헌금을 요청하거나 그에 상응하는 것을 부담하게 하라! 25달러 이상이다! 4천만 명의 그리스도인들이 25달러씩 모으면 10억 달러가 된다.

5. 복음을 전하는 선교사들과 함께 그리스도로 충만하며 사람들을 사랑하고 인종적 편견이 없는 사람들이 전문적인 훈련을 받아 구체적인 필요를 채워주는 전문가들로 나갈 수 있다.

6. 더 많은 직업학교에서 선교사들을 위한 전문적인 준비 과정을 마련하고 있다. 다른 민족들의 풍속과 관습에 관한 수업을 포함시켜야 한다.

7. 전 세계 선교사들이 이 운명적인 향후 20년 동안 협력과 친선을 위해 노력하고 종교적, 정치적 혹은 사회적 논쟁을 방지하도록 노력해야 한다. 그들은 이 위기의 때에 세계의 평화를 이루는 자들이 되어야 한다.

8. 교회는 모든 정부가 이 선의의 프로그램에 협조할 것을 요청하고 있다. "불필요한 절차와 방해가 되는 법을 모두 없애고, 이기적인 민간 기업들이 이 프로그램을 방해하거나 무력화하지 못하게 합시다. 통로를 막고 있는 것들을 다 치우고, 다 함께 세상을 위험에서 구해냅시다."

9. 이 계획은 복음 전도를 가볍게 다루지 않는다. 선교사들은 사

람들이 불행에 처해 있을 때 "행동이 말보다 더 큰 소리로 말한다"는 사실을 알게 되었다. 지금 거의 죽어가고 있는 세상은 행동으로 나타나는 복음을 목도할 필요가 있다. 우리가 사람들을 돕지 않는다면 그들이 그리스도를 사랑하게 만들 수 없다. 우리가 사람들을 도울 때 그들은 우리 안에서 그리스도를 볼 것이다.

여기 굳은 의지로 피를 끓게 하는 도전이 있다. 이 도전은 우리가 어찌하든지 모든 일이 잘될 거라는 안일한 생각에 빠지지 않게 한다. 우리가 온전한 그리스도인이 됨으로써 우리나라와 이 세대를 구원할 수 있고, 우리가 하지 않으면 아무도 하지 않으리라는 확신이 우리 마음에 불을 붙인다. 이 무시무시한 시대에 그리스도인들만이 하나님의 도구가 될 수 있고, 되어야만 한다. 이 도전 앞에 모든 사람들이 일어날 것이다.

[그러므로 그리스도인들을 위해 기도하라]

그러므로 교회의 계획을 위해 기도하라. 미국의 그리스도인들이 빠른 시일 내에 큰 비전을 품게 되어, 전 세계에 그들의 재정과 사랑과 젊음을 흘려보내도록 기도하라. 전쟁 채권을 가진 사람들이 그것을 선교위원회에 보내어 평화 채권으로 전환하도록 기도하라. 그 채권으로 응급 상황에 대처할 수 있도록 말이다. 백인들이 인종차별을 하지 않도록 기도하라. 선교사들을 위해 기도하라! 모든 선교사에게 만 명의 기도 후원자들이 필요하다.

한 친구가 물었다.

"당신은 미국 그리스도인들이 그렇게 이상적인 그리스도인이 될 거라고 생각하십니까?"

지금처럼 영적으로 냉담한 상태에서는 많은 사람들이 그렇게 되지 않을 것이다. 교회가 강력한 영적 각성을 경험하기 전까지는 그럴 것이다. 냉담한 그리스도인들은 자신의 삶을 헌신하지 않고 선교를 위해 거의 돈을 내지 않을 것이다. 그러나 그리스도인들이 그리스도로 충만할 때는 희생의 환희를 느낄 때까지 자신의 삶과 물질을 드릴 것이다.

세계의 운명은 오직 한 가지에 달렸다. 교회가 오순절의 각성을 경험하는 것이다. 기도는 언제나 죽은 교회들을 살아나게 하고, 작은 그리스도인들을 크게 만드는 힘이 있다. 기도와 더불어 우리가 꼭 필요한 사람이라는 중요한 깨달음이야말로 우리의 마음을 사로잡는 동기가 된다. 우리에게는 바로 그 동기가 있다. 우리는 아직 충분히 기도하지 않았다.

가장 먼저 기도에 집중해야 할 곳은 바로 우리 교인들이다. "하나님, 세계를 구원하시고, 바로 우리와 함께 그 일을 시작하소서"라고 기도하라. 어떻게 하면 우리 교회 안에 오순절의 대각성을 시작할 수 있을까?

[온 교회가 기도할 때 일어나는 일]

어떤 설교자는 자신이 설교하는 동안 성도들에게 기도하도록 권면한다.

"저는 매우 민감합니다. 그래서 여러분이 저를 위해 기도하고 있는지 아닌지 압니다. 여러분 중 한 사람이 저의 기대를 저버리더라도 저는 그것을 느낍니다. 여러분이 저를 위해 기도하고 있을 때 저는 강한 힘을 느낍니다. 목사가 설교하는 동안 모든 성도들이 간절히 기도하면 기적이 일어납니다. 오늘 그 일이 일어나지 않는다면 누군가가 기도하지 않은 것입니다. 모두 마음을 같이합시다. 모든 사람이 기도할 때 무슨 일이 일어나는지 봅시다."

이렇게 호소하면 그 결과는 항상 좋다. 때로는 놀라운 일이 일어나기도 한다. 사람들이 하나가 되어 기도할 때 뭔가 강철처럼 단단한 것이 느껴진다. '캠프 파디스트 아웃'(Camp Farthest Out)이라는 집회에 모인 훈련된 사람들은 다 함께 매우 강력하고 조화로운 기도를 드린다. 어느 날 저녁 그들이 기도하는 동안 설교자는 그리스도께 사로잡혀서 마치 그리스도가 그의 입술을 통해 말씀하고 계신다는 느낌을 받았다. 많은 사람들이 그의 경험에 동참했다. 여섯 사람이 그를 찾아와 이렇게 말했다.

"우리는 그리스도께서 당신 옆에 서 계신 것을 보았습니다."

그가 교회에서 나가려는데 한 여자가 의자에 머리를 기대어 엎드린 채 흐느끼고 있었다. 그는 그녀 옆에 앉아 자신이 도와줄 일이 있는지 물었다.

"전 그런 일들을 믿지 않아요. 하지만 제가 무엇을 어떻게 할 수 있겠어요? 저는 그리스도를 직접 보았어요!"

그녀가 대답했다. 무슨 일이 일어난 것일까? 청중이 기도로 하나가 되자 보이지 않던 그리스도가 십여 명의 눈에 보인 것이다. 청중이 설교자를 위해 할 수 있는 가장 특별한 일이 덴버의 야외 시민회관에서도 일어났다. 설교자는 많은 사람들에게 자신이 설교하는 동안 기도해달라고 호소했다.

"노스캐롤라이나 애슈빌에서 500명의 부상당한 소년들을 향해 그들이 세계 지도자들을 위해 기도할 때 그 지도자들을 도울 수 있다고 이야기하자 그들은 거의 울음을 터뜨렸습니다. 내일 저는 피츠시몬즈 병원에 있는 1,700명의 군인들에게 말씀을 전할 것입니다. 아마 그들 중에서 많은 이들이 눈물을 흘릴 것입니다. 그들은 부상을 입었기 때문에 그만큼 관심을 가질 것입니다! 그들은 기도할 것입니다. 하지만 그들의 아버지와 어머니, 아내, 애인, 친구인 여러분은 그 부상당한 소년들만큼 관심을 가지고 기도합니까? 아니면 그만큼 관심이 없습니까?"

격분한 청중이 반격을 가했다! 뭔가 보이지 않는 힘이 설교자의 팔을 붙잡았다. 그는 자기도 모르게 앞 테이블을 꽉 붙잡았다. 곧이어 테이블이 바닥에 쓰러지며 부서졌고 마이크도 함께 쓰러졌다. 설교자가 아니라 청중이 테이블을 부순 것 같았다. 그는 마이크를 집어 들고 설교를 마무리했다. 그날 밤 그는 청중이 그에게 행한 그 신기한 일을 생각하며 떨리는 마음에 거의 잠을 이루지 못했다. 어떤 사람은 테이블이 부서질 때 자신이 회심했다는 편지를 보내왔다.

[절름발이가 걷다]

사람들이 기도로 하나가 되면 그때 종종 질병이 치유된다. 척추에 생긴 종양 때문에 7년 동안 고생해온 여성이 있었다. 지난 2년간은 걸을 수도 없었고 고통은 점점 더 심해졌다. 메이요 병원에 진료 예약을 해두었지만, 의사들은 일시적으로 상태를 완화시키는 것 외에 달리 해줄 수 있는 것이 없을 거라고 했다. 그녀와 그녀의 남편은 차를 몰고 웨스트버지니아 주에서 위스콘신까지 갔는데 병원 예약일까지 2주 정도 남았다는 것을 알았고 그래서 코로니스 호수에서 열리는 '캠프 파디스트 아웃'으로 갔다. 그녀가 도착하자 개인과 그룹으로 그녀의 치유를 위해 집중적으로 기도해주었다.

주일 아침 글렌 클라크가 '욥의 고난'에 대한 말씀을 전하겠다고 공지했다. 이 여성은 매우 고통스럽지만 그 설교를 들을 수 있도록 해달라고 기도했다. 욥기는 그녀가 가장 좋아하는 성경이었기 때문이다. 설교가 절정에 이르렀을 때 "그가 나를 죽이시리니 내가 희망이 없노라"(욥 13:15)라는 말씀에서 그녀는 갑자기 부드러운 손이 그녀의 머리 위를 만지더니 서서히 그녀의 척추로 내려가는 것을 느꼈다. 그

손이 가장 아픈 부위를 만지자 그 즉시 고통이 사라졌고 새 생명이 그녀의 존재 안에 흘렀다. 그녀는 완전히 치유되어 그 집회 장소에서 걸어 나왔다. 몇 시간 후에는 길에서 뛰어 다닐 정도였다.

모든 영혼이 하나가 되는 곳에서 그런 치유가 일어나는 것은 결코 드문 일이 아니다. 혼자 기도하는 것보다 많은 무리가 같이 기도할 때 더 힘이 있다는 것은 분명하다.

우리가 모든 청중들에게 기도할 것을 호소할 때마다 곳곳에서 신기하고, 강력하고, 기쁨에 찬 반응이 터져 나오는 것을 느낀다. 신자들이 한마음으로 간절히 기도하면 마치 보이지 않는 팔이 우리를 들어 올리는 것 같은 기분이 든다. 우리 마음이 불타오르고, 눈물이 고이고, 새로운 아이디어 가 떠올라 설교 원고보다 훨씬 더 좋은 설교를 하게 된다. 평범한 진리가 매우 강렬해지고, 액체 금속처럼 뜨겁게 타오 른다. 설교의 4분의 3은 성도들에게 달렸다! 성도들에게 적 극적으로 기도하도록 요청했을 때 자신의 설교가 달라졌다 고 간증하는 목사들이 전 세계에서 점점 더 많아지고 있다.

[기도의 공모]

다음 편지는 주일학교 교사들이 성도들이 읽도록 널리 배포한 것이다.

친애하는 성도들에게

우리는 오늘 한 가지 공모를 하려고 합니다. 우리가 목사님이 설교하시는 동안 기도하는 것입니다. 원치 않으면 눈은 감지 마시고, 다만 하나님이 목사님의 입술을 통해 우리의 마음속에 말씀하시기를 계속 간구하십시오.

그것은 매우 흥미로운 실험이 될 것입니다. 여러분이 교회이며, 목사님은 여러분을 섬기는 종이라는 것을 잊지 마십시오. 훌륭한 예배를 드리는 데 있어서, 여러분 각 사람이 목사님만큼 중요합니다. 목사님 혼자서는 최선을 다할 수 없습니다. 여러분의 기도가 영적인 분위기를 이룹니다. 그것이 없으면 어떤 설교도 위대해질 수 없습니다. 우리는 다 함께 목사님과 예배를 새로운 차원으로 끌어올릴 수 있습니다. 성도들이 이렇게 한마음이 될 때 기적이 일어납니다. 그 안에 여러분이 포함되지 않으면 모두 하나가 될 수 없을 것입니다.

여러분은 깊은 시련에 빠져 있는 이 세상을 돕기 원하지만, 혼자서는 그 일을 할 수 없습니다. 그리스도가 여러분을 통해 일하실 수 있어야만 세상을 안전하게 만들고 영원한 평화를 가져오실 수 있습니다. 오늘 이 교회에서 함께 기도하는 것이 그리스도를 돕는 훌륭한 방법입니다. 그렇게 할 때 그리스도께서 우리에게 비전과 세상을 일으킬 능력을 주실 것입니다.

그러므로 매 순간 마음속으로 기도하고 무슨 일이 일어나는지 보십시오.

[오순절은 어떻게 시작되는가]

성도들이 한마음으로 기도할 때 우리는 사도행전에서 말하는 오순절과 같은 상황을 경험하게 된다.

"마음을 같이하여 오로지 기도에 힘쓰더라… 오순절 날이 이미 이르매 그들이 다 같이 한 곳에 모였더니… 날마다 마음을 같이하여 성전에 모이기를 힘쓰고 집에서 떡을 떼며 기쁨과 순전한 마음으로 음식을 먹고"(행 1:14, 2:1,46).

지난 2천 년의 교회 역사에서 성령의 나타나심에 관하여 연구한 사람이라면 아마 이 말이 사실임을 알게 되었을 것이다.

"성령님은 항상 나타나기를 원하시지만, 우리가 사랑과 기쁨으로 하나가 되어 기도해야 나타나실 수 있다."

첫 번째 오순절은 성령님이 오실 때 무엇을 기대해야 하는지를 우리에게 알려준다. 우리는 뜻밖의 일들이 일어나길 기대할 것이다. 아마 불의 혀나 집이 흔들리거나 감옥 문이 열리는 것 같은 눈에 띄는 증거들이 나타나길 바랄 것이다. 그러나 오순절은 사람들 안에 변화를 일으켰다.

"믿는 사람이 다 함께 있어 모든 물건을 서로 통용하고 또 재산과 소유를 팔아 각 사람의 필요를 따라 나눠주며"(행 2:44,45).

그리스도를 거스르는 모든 죄들 가운데 가장 보편적인 죄인 이기심이 관대함으로 변한 것이다. 또 주변 사람들에게도 변화가 일어났다.

"이 날에 신도의 수가 삼천이나 더하더라"(행 2:41).

오순절에 일어난 가장 큰 변화는 영적 폭발이었다. 그리스도로 충만한 사람들이 그 기쁜 소식을 전하기 위해 전 세계로 나아갔다.

많이 배운 사람들은 무식한 성도들을 우습게 보는 경향이 있지만, 많이 배우지 못한 성도들 가운데 성령님이 많이 나타나신다. 우리가 (적어도 일생에 한 번은) 이 질문을 해보는 것도 나쁘지 않을 것이다.

"단순하고 무지한 사람들이 우리보다 오순절을 경험하기에 더 좋은 조건을 갖추고 있는 것일까? 그래서 부유하거나 교양 있는 성도들의 모임에서는 좀처럼 이루어지기 어려운 마음의 하나됨과 온전한 순종과 모든 재산을 서로 나누는 일이 흑인 전도 집회에서 이루어지는 것일까?"

우리는 이런 '성령의 나타나심'이 무지함으로 인한 것이라고 생각한다. 하지만 그것은 아마도 순종, 믿음, 영의 연합, 관대함, 완전한 참회, 겸손에 달려 있을 것이다.

우리 중에 일부는 고등교육을 받은 사람들이 겸손하고 사랑이 충만하고 '한마음'으로 연합할 때마다 그들 가운데 성령님이 예기치 않게 놀랍게 찾아오시는 것을 본다.

기도의 효과는 특별한 재능처럼 새롭고 놀랍지만 전적으로 안전하다! 따라서 이 글을 읽고 있는 동료 목회자들이여, 주일마다 당신이 설교하는 동안 교양 있는 지도자들이 편안히 앉아 판단하고 있다면, 이제는 더 이상 그들에게 지지 말라. 의자에 등을 기대고 앉아 판단하는 것을 그만두고 몸을 숙여 기도하도록 가르쳐라. 그리고 불가능한 일을 기대하라!

캠벨 몰간(G. Campbell Morgan)은 《기도 바이블》(The

Practice of Prayer)에서 마리안 아들라드(Marianne Adlard)에 대해 이야기한다. 그녀는 침대에 누워 생활하는 런던의 장애인 소녀로, 미국 시카고의 헐벗은 아이들과 함께한 무디(D. L. Moody)의 사역에 대해 읽고 이렇게 기도하기 시작했다.

"오, 하나님, 이 사람을 우리 교회에 보내주소서."

1872년에 무디가 영국으로 두 번째 전도 여행을 왔을 때 그는 특별한 사역을 할 계획이 없었다. 그런데 마리안이 다니던 교회의 목사님이 무디를 만나 설교를 부탁했다. 그래서 무디가 교회에 왔고, 예배 후에 그리스도를 위해 결단하기 원하는 사람이 있는지 물었다. 수백 명이 자리에서 일어났다. 무디는 깜짝 놀라 자신의 요청을 좀 더 명확히 반복했다. 사람들은 다시 일어났다. 그다음 열흘 동안 400명의 사람들이 교회에 등록했다.

무디는 몰간에게 이렇게 말했다.

"이게 어떻게 된 일인지 알고 싶었습니다. 그래서 조사하기 시작했고, 침상에 누워 지내던 소녀가 하나님께 저를 그 교회로 오게 해달라고 기도했다는 걸 알고 나서야 마음이 편안해졌습니다. 하나님께서 그녀의 기도를 들으시고, 그녀의 간구를 들어주시기 위해 저를 4,000마일 이상 떨어진 곳에서 땅과 바다를 건너오게 하신 것입니다."

무디는 특히 민감했다. 프랭클린 기딩스(Franklin Giddings) 교수가 그의 사회학 수업 시간에 즐겨 하는 이야기가 있었다. 그가 신참 기자였을 때 무디가 인도하는 부흥 집회에 참석했다가 집회 후 기도하러 가는 수백 명의 사람들을 따라간 이야기였다. 그의 진짜 목적을 의심한 무디가 손가락으로 젊은 기딩스를 가리키며 이렇게 말했다고 한다.

"젊은이, 이 방에서 나가십시오. 당신은 기도하러 온 것이 아니네요."

[기도를 예배의 절정으로 만들라]

로마 가톨릭 교회는 성체를 받드는 순간 모든 참석자들이 함께 간절한 기도를 올리도록 한다. 개신교도들도 가톨릭의 미사만큼 사람들을 연합시키고 감동시키는 기도로 예배의 절정을 이루어야 한다. 이것은 오직 목회자와 성도들이 확신을 가질 때 이루어질 것이다. 즉, 우리가 마음으로 드리는 모든 기도는 그 즉시 역사를 변화시키기 시작한다는 확신이다.

교회에서 듣는 대부분의 중보기도는 실망스럽고, 빈약하

고, 모호하고, 성의가 없고, 힘이 없고, 범위가 적다. 사람들은 기도가 세상을 바꿀 수 있다는 것을 깨달은 사람처럼 기도하지 않는다.

거룩한 예배의 중심과 능력이 설교가 아니라 '기도'에, 설교자가 아니라 '하나님'께 있다는 것을 깨닫지 못한다면 복음주의 기독교는 길을 잃는다. 이것은 기도문을 작성하는데 더 많은 시간을 들여야 한다거나, 목회자와 성도들이 집에서 기도로 예배를 준비하는 데 더 많은 시간을 보내야 한다는 뜻이 아니다. 그렇다면 어떤 목회자들은 기도하기 위해 주일 아침에 가족들과 식사도 함께하지 못할 것이다.

[교회 내의 기도 모임]

기도하는 사람들이 모인 작은 그룹은 목회자나 다른 성도들의 요청을 기다릴 필요가 없다. 그들은 스스로 모여서 기도할 수 있고, 그들이 충분히 오랫동안 간절히 기도하면 교회에 그 기도의 불을 붙이게 될 것이다. 그것은 힘든 일이지만 그 보상은 실로 놀랍다. 죽은 교회를 다시 살리는 가장 중요한 방법이 바로 교회 내 기도 모임을 만드는 것이다.

[교회 안에서 기도하는 한 사람]

교회 안에 기도하는 사람이 한 사람만 있어도 영적인 온도를 높이는 데 큰 역할을 할 수 있다. 낯선 사람들 속에서 여행을 많이 하는 우리는 이것을 시험해볼 기회가 많다. 우리는 종종 신분을 숨기고 교회 뒷좌석에 앉아 예배를 위해 기도한다. 어떤 교회에 들어가면 성도들이 무기력하고, 목사가 성도들의 둔감한 영혼 때문에 패배하는 것을 느낄 수 있다. 그렇게 꽁꽁 얼어붙은 분위기에 맞서서 기도하는 것은 힘든 싸움이지만, 힘들수록 더 필요한 일이다.

우리는 말 그대로 하나님을 위해 싸운다. 목회자뿐 아니라 모든 성도들을 위해 기도한다. 우리가 매우 집중해서 기도하는 동안 성령님이 설교자를 감동시키시는 것을 느낀다. 그의 목소리가 새로운 음색을 띠고 얼굴에서도 새로운 빛이 나타난다. 그는 설교 원고를 버린다. 그 원고는 너무 냉담하기 때문이다. 대신 성령의 영감을 받은 말씀을 전하기 시작한다.

몇 년 전 플로리다 주의 세인트피터즈버그에서 한 여자가 내 눈길을 사로잡았다. 백발에 흰 옷을 입고 있었는데 창백하지만 깊이 공감하는 눈빛을 하고 있었다. 나는 그녀를 똑

바로 쳐다보며 이야기했다. 그녀는 마치 내게서 나의 최선보다 더 좋은 것을 이끌어내려는 것 같았고, 나는 큰 격려를 받았다. 집회가 끝났을 때 그녀가 강단으로 나왔고, 나는 그녀가 내게 어떤 도움을 주었는지 이야기해주었다. 그러자 그녀는 "그건 목사님이 말씀을 전하시는 동안 제가 기도했기 때문이에요"라고 하며 말을 이었다.

"저는 그것이 설교자에게 어떤 일을 할 수 있는지 알고 있어요. 제 남편도 목회자였거든요."

어느 부활절 아침에 나는 인도 봄베이에 있는 한 교회에 완전히 처음 온 사람으로 들어가 뒷좌석에 앉았다. 설교는 절망적일 만큼 형편없었다. 부활절의 축복을 받으러 온 나는 몹시 화가 났다. 나는 하나님께 말했다.

"적어도 저는 속고 있는 이 사람들을 도와주어야겠습니다."

나는 한 사람 한 사람씩 사람들의 뒤통수를 바라보며 말없이 기도하기 시작했다. 정말 놀랍고 기쁜 사실은 내가 기도하는 순간, 거의 모든 사람이 고개를 돌리거나, 숙이거나, 천장을 쳐다보거나, 머리를 흔들거나, 뒤통수에 손을 갖다 댔다는 것이다. 나는 그렇게 100퍼센트 반응을 보이는 것을 전에 경험하지 못했고 그 후로도 경험하지 못했다.

우리는 교회에서 말씀을 전하기 전에 눈을 감거나 좋아하는 예수님의 그림을 바라보며, 성도들 한 명 한 명을 위해 열심히 기도함으로써 영적인 온도를 높이려고 한다. 우리는 예수님이 위로부터 사람들에게 내려오시거나 눈물 어린 표정으로 통로를 걸으며 한 사람씩 어루만져주시는 것을 상상한다. 수많은 교회의 '세속적인' 분위기에 맞서 싸우는 것은 매우 힘든 일이다. 하지만 그런 노력은 대단히 가치가 있다. 자신의 영혼에 불이 붙는 것은 물론, 거의 모든 경우에 예배가 끝나고 나면 사람들이 "우리는 그리스도를 느꼈어요"라든가 "오늘 성령님이 매우 강력하게 역사하셨어요"라고 말한다.

목사가 설교를 준비하는 것보다 더 중요한 것은 그 자신과 성도들을 준비시키는 것이다.

03
—
어떻게 기도로 하나님을 돕는가?

모든 기도는 세계로 뻗어나가는 방송이며, 누군가는 항상 듣고 있습니다.
따라서 우리의 기도는 결코 헛되이 버려지지 않습니다.

[중보기도의 힘]

어느 솔직한 목사가 많은 사람들이 이해하기 힘들어하는 문제로 그 자신도 고민하고 있다고 털어놓았다.

"저는 다른 사람들을 위한 기도가 그들에게 도움이 된다고 믿지 않아요. 제가 기도하는 것을 그들이 듣지 않는 이상 말입니다."

그가 말했다.

"제 앞에 있는 성도들과 함께 기도할 때 그들은 제가 하는 말을 듣습니다. 그때 저는 하나님을 향해 그들의 마음을 열어줍니다. 그것은 이해가 됩니다. 하지만 제가 1만 마일이나 떨어진 러시아의 지도자를 위해서 기도할 때 무슨 일이 일어날까요? 분명히 저는 하나님께 스탈린을 돕기 위해 더 열심히 노력해달라고 하나님을 설득할 수 없습니다. 하나님은 그리스도처럼 항상 최선을 다하고 계시니까요. 그러면 그것이 무슨 소용이 있을까요?"

나는 그에게 이렇게 대답해주었다.

"당신은 진실을 회피할 수 없습니다. 진실은 수많은 사람들이 우리의 목소리를 듣지 못하더라도 우리의 중보기도를 통해 도움을 받고 있다는 것입니다. 선교사들은 지구 반대

편에 있는 사람들에게 그들을 위해 열심히 기도해달라고 부탁합니다. 그들은 다른 사람들이 기도할 때 힘이 생기는 것을 느끼고, 다른 사람들이 기도를 멈출 때 연약해집니다.

〈중보기도의 힘〉(The Power of Intercession)이라는 시를 들어본 적이 있습니까?

먼 외국 땅에서, 그들은 궁금했다.
그들의 단순한 말에 어떤 힘이 있는지
그리스도인 두세 명이 집에 모여
한 시간을 기도했다.
우리는 항상 궁금하다.
우리가 볼 수 없기 때문에
누군가, 아마도 멀리 있는
무명의 누군가가
무릎 꿇고 있을 것이다.

미국에서 우리의 문맹 퇴치 사역을 위해 기도하기로 약속한 사람들이 1만 명입니다. 그들의 기도가 보이지 않는 사랑의 힘으로 전 세계 사람들의 마음의 문을 열어주었고, 넘을 수 없는 장애물들을 강철을 녹이듯 녹여버렸습니다. 많은 사람들이 기도할 때 나타나는 엄청난 결과들을 보면, 우리가 충분히 많이 모여서 충분히 기도하면 어떤 선한 일도 해낼 수 있으리라는 확신이 생깁니다. 중보기도는 예수님이 선언하신 것처럼 강력한 힘이 있습니다. "내 이름으로 무엇이든지 내게 구하면 내가 행하리라"(요 14:14). 예수님은 이것을 여러 방식으로 말씀하셨습니다.

그러나 여러분이 왜냐고 이유를 묻는다면 그 대답은 쉽지 않습니다. 하나님이 언제나 최선을 다하신다는 말은 맞습니다. 하나님이 더 열심히 노력하시도록 우리가 설득할 수 없다는 것도 사실입니다. 그런데 중보기도에 대한 또 다른 설명이 있습니다. 즉 우리가 사람들을 설득하여 하나님의 말씀을 듣게 한다는 것입니다. 여러분이 성도들 앞에서 기도할 때 하는 일이 바로 그것입니다. 당신과 함께 기도하고, 하나님의 말씀을 듣도록 설득하는 것입니다."

"그들을 설득한다고요? 그들이 멀리 있고 우리의 말을 들을 수 없는데 어떻게 설득할 수 있습니까?"

"아마 그들은 우리의 기도를 들을 겁니다. 그들의 잠재의식이 텔레파시라는 육감으로 우리의 말을 듣고 있는지도 모르지요. 그것은 가능한 설명입니다. 최근의 실험들이 그 타당성을 입증하고 있습니다. 모든 마음이 무의식적으로 다른 마음으로부터 오는 메시지를 받고 있다는 것입니다. 우리는 사랑하는 이들이 멀리 떨어져 있더라도 어떤 위험이나 고통이나 죽음을 겪을 때 그것을 직관적으로 느꼈다고 하는 사람들을 알고 있습니다. 영국과 미국의 심령연구연보(Annals of Psychic Research)에는 이런 사례들이 수천 가지나 포함되어 있습니다. 최근의 실험들, 특히 듀크 대학교 라인(Rhine) 교수의 실험은 초능력에 관해 의심하는 많은 사람들의 입을 잠잠하게 했습니다.*

우리는 라디오처럼 서로에게 주파수를 맞추어놓을 때가 있습니다. 또 전원이 꺼져 있을 때도 있는 것 같습니다. 주파수를 맞추는 버튼이 무의식 안에 있어서 의식적으로는 거의 통제가 불가능한 듯합니다. 심장박동이 거의 통제 불능인 것처럼 말입니다. 우리가 열심히 생각할 때마다 가까이 있거나 멀리 있는 사람들 중에 우리에게 주파수가 맞춰져

---

* *Reader's Digest*, Jan., 1944. *Atlantic Monthly*, Aug., 1944. *American Magazine*, Sept., 1944. *Journal of Psychotherapy*, Duke University Books. *Mental Radio*, by Upton Sinclair. *What's On Your Mind?*, Joseph Dunninger. *Extra-Sensory Perception*, Prof. j. B. Rhine. *New Frontiers of the Mind*, The Duke University Press. *Experiments*, Professor Rhine. *Telepathy and Clairvoyance*, Professor Rhine, *Thoughts Through Space*, Sherman and Wilkins.

있는 사람들이 우리의 생각을 받게 될 것입니다. 그들은 그런 생각이 어디서 왔는지 알지 못할 것입니다. 또 우리는 자기도 모르는 사이에 하루 종일 다른 사람들의 생각을 받고 있을 수도 있습니다. 방송국에서는 누가 주파수를 맞추고 있는지 모릅니다. 전자 기술은 매달 새로운 발견을 하고 있습니다. 아마 텔레파시도 라디오처럼 전자 에너지를 사용하겠지만, 다른 한편으로 텔레파시는 우리가 알고 있는 '순수한 마음' 또는 '순전히 영적인' 것입니다."

"저는 텔레파시를 믿습니다. 실제로 제가 경험을 했으니까요. 다들 경험해보지 않았습니까? 하지만 텔레파시가 하나님께 무슨 도움이 된다는 거죠?"

그가 말했다.

[어떻게 잠긴 문을 열까?]

나는 대답했다.

"그리스도께서 '내가 문밖에 서서 두드리노니'(계 3:20)라고 말씀하십니다. 그러나 주님은 문밖에 서서 들어오실 수가 없습니다. 사람들이 대부분 하나님을 향해 문을 닫고 있고 또 그 문의 '열쇠를 잃어버렸기' 때문입니다. 사람들은 하나님의 말씀을 한 번 듣기 전에 서로의 말을 백만 번쯤 듣습니다. 그들의 생각은 위로 향하지 않고 밖으로 향합니다. 만일 당신이 천 마일이나 떨어진 곳에서 어떤 사람을 위해 기도한다면 바로 그 순간 그의 무의식이 당신을 향해 주파수를 맞출지도 모릅니다. 그러면 그가 당신의 기도를 받을 것이고, 그 사람 안에 하나님을 향한 열망이 생기기 시작할 것입니다. 열망은 사람들로 하여금 하나님께 주파수를 맞추게 합니다.

따라서 어떤 사람이 하나님을 향하도록 돕는다는 것은 당신이 전화 교환원 같은 역할을 하는 것입니다. 즉 그 사람과 하나님을 연결시켜주는 것이지요. 그것은 하나님이 그 사람에게 직접 말씀하시도록 돕는 일입니다. 예를 들어, 백 명의 사람들이 미국 대통령을 위해 이렇게 기도하고 있다고 합시다. '하나님, 대통령이 하나님의 지혜에 갈급해하도록 도와주옵소서.' 그리고 대통령이 그 백 명 중 몇 명, 혹은 많은 사람에게 주파수를 맞춘다고 합시다. 그러면 그는 잠재의식적으로 그들의 기도를 듣게 되고, 위를 바라보며 하나님의 말씀을 듣고 싶은 열망이 생길 것입니다. 그때 하나님은 대통령에게 그의 여러 문제에 대한 적절한 답을 직접 말씀해주실 수 있습니다.

이와 같이 기도함으로써 사람들은 하나님이 대통령에게 다가가도록 도울 수 있습니다. 성도들이 교회에서 당신의 설교나 기도를 들을 때 하나님이 그들에게 다가가시도록 당신이 그들을 돕는 것과 마찬가지입니다. 대통령은 마음의 라디오를 통해 그들의 말을 듣습니다."

1945년 1월 2일 워싱턴 시의 한 수양회에서 우리는 이 짜릿한 증거를 목도했다. 우리는 루즈벨트 대통령을 위해 우리의 기도가 필요하다고 느꼈다. 그가 하나님의 뜻을 행하느냐 그렇지 않느냐에 따라 미래가 크게 좌우되기 때문이다. 그래서 우리는 월터 저드(Walter Judd)와 루퍼스 존스(Rufus Jones)를 대통령에게 보내기로 결정했지만, 먼저 다 함께 기도했다.

다음은 비서가 그때 상황에 대해 보고한 내용이다.

"어떤 사람이 망토 차림의 루즈벨트 사진 옆에 그리스도의 그림을 놓아두었습니다. '그리스도께서 루즈벨트에게 말씀하시는지 봅시다'라고 그가 말했습니다. 오랜 침묵이 흐른 뒤에 놀라운 일이 벌어졌습니다. 저는 퀘이커 교도가 무릎 꿇는 것을 한 번도 본 적이 없었는데, 루퍼스가 무릎을 꿇고 프랭클린 루즈벨트를 위해 강력한 기도를 드리는 것입니다. 이 위대한 사람이 무릎을 꿇을 때 저는 그가 루즈벨트보다 훨씬 더 높이 들려 올라가는 것을 보았습니다. 그래서 바로 하늘나라가 그를 통해 내려와 빛과 사랑과 겸손으로 루즈벨트를 뒤덮는 것을 느꼈습니다.

그때 다른 방에서 전화벨이 울렸습니다. 루즈벨트의 비서, 튜멀티(Tumulty)가 우리 쪽 안내원인 매리언 존슨(Marion Johnson)에게 루즈벨트가 보낸 개인적인 메시지를 전해주었습니다. 그 소식이 전해지자 글렌 클라크가 말했습니다. '이것은 백악관과 우리 사이에 연결된 사랑의 끈이었습니다. 저는 우리의 기도가 전파를 타고 전달되었다고 믿습니다.'"

월터 저드는 이렇게 말했다.

"우리가 기도하는 것이 루퍼스 존스와 내가 루즈벨트를 직접 방문하는 것보다 더 잘 그에게 다가갈 수 있습니다. 괜히 어떤 결의안을 대통령에게 보내려고 하지 말고, 오직 기도만이 역사하게 합시다."

이러한 추정이 정통적인 것은 아니다. 하지만 텔레파시가 입증된다면 그것이 정통이라는 과학적 근거가 될 것이다. 그것은 텔레파시와 응답받은 중보기도 모두 육감(sixth sense)을 쓴다는 것을 의미한다. 큰 소리로 기도하거나 대화를 나눌 때 성대와 고막을 사용하고, 전파를 통해 말씀을 전달하는 데 라디오가 사용되는 것과 같다.

물론 텔레파시에 윤리적으로 잘못된 것은 없다. 마음과 마음이 통하여, 다시 말해 텔레파시를 통해 하나님이 우리의 고요한 기도를 들으시고 우리가 하나님의 고요한 응답을 듣는다. 만일 하나님과 사람 사이에 텔레파시가 작동한다면, 교회에서 사람들에게 설교하는 것만큼이나 다른 사람들을 하나님께로 이끄는 데 텔레파시를 사용하는 것이 좋은 일이다. 그것은 옳고 그름의 문제나 좋고 싫음의 문제가 아니다. 오직 그것이 사실인지 아닌지에 관한 문제다.

[기도는 결코 사라지지 않는다]

"그러면 제가 기도할 때 다른 사람이 저에게 주파수를 맞추고 있지 않다면 제 기도는 사라지는 것입니까?"라고 한 사역자가 물었다.

나는 이렇게 대답했다.

"그것 또한 아직 모르는 일입니다. 당신이 교회에서 기도할 때 교인 중에 당신의 기도를 진심으로 듣고 있는 사람이 과연 몇 퍼센트나 될까요? 아마 그것을 알면 충격을 받을 것입니다. 하지만 우리가 중보기도 하는 사람들이 주파수를 맞추고 있지 않다 해도, 세상 어딘가에 있는 누군가가 주파수를 맞추고 우리의 기도를 듣고 있습니다. 모든 기도는 세계로 뻗어나가는 방송이며, 누군가는 항상 듣고 있습니다. 따라서 우리의 기도는 결코 헛되이 버려지지 않습니다. 어떤 기도도 당신의 성도들에게서 끝나지 않습니다. 당신의 양들이 듣고 있지 않다 해도, 당신의 기도는 당신의 목소리가 들리지 않는 곳까지, 수천 마일 떨어진 곳의 청중에게 전달됩니다. 전 세계로 퍼져갑니다!"

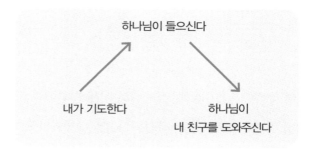

"우리가 하나님을 돕는" 것을 나타내는 공식은 다음과 같다.

내 친구는 하나님을 향해 닫혀 있지만 내게는 열려 있다.

그를 위해 기도함으로써 나는 그와 하나님을 향해 마음의 문을 연다.

그러면 하나님이 나를 통해 그에게 말씀하신다.

그럴 때 내 친구는 하나님을 향한 열망을 느끼고 그분을 향해 마음을 연다.

도표로 나타내면 이와 같을 것이다.

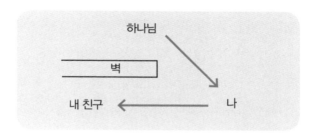

이것이 바로 내가 친구에게 하나님에 대해 이야기할 때, 강단에서 설교할 때, 라디오를 통해 이야기할 때, 그에게 하나님에 대해 편지를 쓸 때, 또는 그에게 성경책을 보내줄 때 우리가 하는 일이다. 우리가 기도할 때 그와 같은 일들이 일어난다. 우리의 마음이 '정신적인 라디오'이기 때문이다. 우리 중 많은 이들이 이것을 믿는다. 큰 믿음으로 기도한다.

큰 믿음이 있을 때 큰 결과가 나타난다.

하나님을 돕는다는 이 사상은 하나님의 사랑의 본성, 인간의 고집스러운 본성 그리고 성경이 우리에게 말하는 바와 완벽히 들어맞는다.

[불신자들을 도우라]

어느 유명한 기독교 지도자가 이 책에서 이 사상을 빼라고 권고했다. 다른 사상에 뿌리를 둔 일부 독실한 사람들을 불쾌하게 만들 수 있다는 이유에서다. 그런가 하면, 다른 사람들을 위해 그다지 많이 기도하지 않던 다수의 대학 교수들과 학생들은 이 책에서 이 부분이 현대인의 신앙에 가장 귀중한 교훈을 준다고 주장한다. 많은 사람들이 이 사상이 기도할 새로운 이유를 알려주었고 하나님을 새롭게 경험하게 해주었다고 증언했다. 심지어 어느 대학 교수는 그것이 과학적 근거가 있다는 것을 보여주기 위한 책을 쓰고 있다.

따라서 우리는 선택해야 한다. 몇몇 위대한 옛 성인들의 완전한 지지를 잃어버릴 각오를 하거나, 아니면 기도를 믿고 싶지만 합당한 믿음의 기초가 없는 사람들을 잃어버릴 각오를 해야 한다. 예수님이 어떤 선택을 하셨을지는 명백하다.

"건강한 자에게는 의사가 쓸 데 없고 병든 자에게라야 쓸 데 있나니"(눅 5:31).

예수님은 "내가 의인을 부르러 온 것이 아니요 죄인을 불러 회개시키러 왔노라"(눅 5:32)라고 하셨다.

스스로 기도하지 않는다고 자백하는 죄인들이 많다. 어떤 사람은 오늘 보내온 편지에 "사역자인 내가 기도하지 않는데 어떻게 다른 사람들에게 기도하라고 가르칠 수 있겠습니까?"라고 썼다. 오직 경배하고 복종하는 기도만 하고 중보기도는 하지 않는 사람들도 많다. 내 앞에도 기도를 주제로 한 두꺼운 책이 세 권 있다. 하지만 중보기도는 단 몇 문장으로 처리해버린다. 우리의 기도생활에 의사가 필요 없는 사람은 거의 없고, 영적으로 혼란에 빠져서 도움을 구하는 사람들은 수없이 많다.

이 이야기를 하는 이유는 힘들어하는 수많은 영혼들에게 도움을 주기 위해서다. 그것은 당연히 해야 하는 일이다.

[텔레파시와 나쁜 그룹들을 분리시켜라]

텔레파시와 기도를 결부시키기 싫어하는 사람들이 있다. 왜
냐하면 텔레파시는 교묘한 속임수이거나 점쟁이들과 관련
이 있다고 생각해왔기 때문이다. 그들은 기도를 주술적인
힘을 믿는 부두교와 관련되었다고 생각했다. 또 최근까지
의학과 화학이 연금술과 결합되어 있었기 때문에 아직까지
찾아내야 할 '돌팔이 의사들'이 있다.

라디오가 발명된 이후로 꽤 괜찮은 그룹에서 텔레파시를
받아들였다. 일부 대학교에서는 초심리학 수업에서 텔레파
시를 공부하고 있다. 가장 최근의 성과는 맹인들과 관련된
것으로 코네티컷 주의 올드팜스(Old Farms)에서는 전쟁으로
실명(失明)한 수많은 참전 용사들이 '눈 없이도 보는 법'을
배우고 있다.

"그것을 '육감'이라고 부르자"라고 레빈(Levine) 박사는
말한다.

"여러분이 원하는 대로 불러도 좋다. 나는 그 메커니즘을
정확히 설명할 수 없다. 하지만 그것이 효과가 있다는 것은
안다. '인간 레이더'나 '얼굴의 눈' 혹은 다른 어떤 이름으로
불리든 인간의 몸이 작지만 명확한, 신비로운 에너지의 광선

을 내뿜는다는 전제에 근거를 두고 있다. 집이나 담이나 자동차 또는 다른 어떤 물체와 접촉할 때 이런 광선들이 '반사'된다. 이런 메시지에 적절히 대응하도록 교육받은 사람은 잘 알려지지 않은 방식으로, 피부나 안면신경을 통해 그것을 받아들인다. 훈련된 이들은 자기 몸의 기관들을 통해 어떤 광경이나 소리나 느낌들을 해석하듯이, 뇌를 통해 그 메시지의 의미를 해석할 수 있다. 거리, 크기, 형태와 질감을 놀라울 정도로 정확하게 판단할 수 있다. 얼굴 그리고 어느 정도는 온몸이 보조적인 감각기관으로 전환되는 것이다."*

자신의 메마른 영적 생활에 대해 걱정해오던 어느 영향력 있는 심리학자는 다음과 같은 추론 훈련을 통해 새롭고 매우 중요한 종교적 체험을 하게 되었다. 그것은 과학적 사고를 가진 다른 사람들에게도 와 닿을 것이다.

[과학이 아는 것]

20억 개의 신경과 뇌세포들은 모두 축소된 전기 배터리들이

---

* From *Everybody's*, London.

다. 그것들이 다 함께 자기장을 만들어낸다. 우리는 그것을 측정하는 도구들을 가지고 있다. 우리의 뇌는 모든 생각과 함께 희미한 전파를 내보내고 있다. 그러면 우리는 수신 장치도 가지고 있는가? 주파수를 잘 맞춰놓으면 다른 사람의 뇌에서 나오는 전파를 통해 사상들을 해석할 수 있는가? 그렇다. 그것은 가능한 일이다. 뇌의 피질 아래 있는 회백질이 과학적으로 알려진 가장 민감한 부분이다. 그것은 '생각의 집'(home of thoughts)이라고 할 만큼 섬세하다. 어떤 전파 측정기로도 감지할 수 없을 만큼 섬세한 메시지들을 쉽게 받아들일 수 있다. 아마 아직 과학적으로 밝혀내지 못한 파장을 사용하기 때문일 것이다. 무선 전파에 대한 우리의 지식은 여전히 생소하고 빈약하다. 파장은 길이가 광파의 10만 분의 1인 전자파까지 사용할 수 있다. 그러므로 뇌의 전파를 받아 바르게 해석하지 못할 이유가 없다.

그러나 정말 그런가? 이것은 누적된 증거의 문제이다. 텔레파시는 분명히 발전하고 있다. 비록 그것이 아직 입증되지 않았다고 여기는 저명한 심리학자들도 있지만 말이다. 듀크 대학교 라인 교수의 실험은 가장 면밀한 검토 후에도 여전히 유효하다.

[실험자들은 기도해야 한다]

한편, 텔레파시를 검증되지 않은 것으로 여기는 심리학자들은 실험을 통해 부정적인 결과들을 얻었다. 아마 이 심리학자들은 라인 교수가 힘들게 포착한 한 가지 요소를 간과했을 것이다. 그것은 정서적 공감이라는 요소다. 라인 교수의 실험에서 가장 성공적이던 대상은 바로 사역을 준비하며 공부하는 학생들, 신앙적인 사람들, 서로 온전한 확신이 있고 영으로 하나 된 사람들이다. 공감과 확신은 서로의 마음을 맞추는 라디오의 다이얼과 같다. 부정적인 결과를 얻은 다른 많은 실험의 경우, 아마 너무 냉담하거나 단조로워서 잠재의식이 주파수를 맞추려고 노력하지 않았을 것이다. 우리도 방송 내용이 지루하면 라디오를 꺼버리듯이 말이다. 심리연구학회가 보고하는 수많은 텔레파시의 사례들 가운데 99퍼센트는 어머니와 아들, 남편과 아내, 친한 친구들 사이에 깊은 감정이 서로 이어져 있다는 것이다.

공감과 확신이 잠재의식 속에서 주파수를 맞추는 데 꼭 필요한 '촉매제'라면, 기도의 실험은 다른 도구를 가지고 하는 실험들보다 훨씬 더 뛰어나야 한다. 우리가 사람들을 실험 대상으로 대하기보다 그들의 행복을 위해 기도한다면 그들은 분명히 더 큰 확신과 열망을 가지고 "마음의 수신기를 켤" 것이다. 사람들은 방어와 불신의 문을 통해 자신과 별로 가깝지 않고 좋아하지도 않는 사람들을 차단시킨다. 기도는 그 문을 여는 가장 좋은 열쇠가 된다. 라인 교수가 성공했던 이유 중에 하나는 동료들의 잠재의식 속에 꼭 필요한 정서적 상태를 확보했기 때문이다.

이런 것들을 고려하여 그 심리학자는 실험적으로 기도하기 시작했다. 그는 우리가 묘사한 결과를 똑같이 얻어냈다. 하지만 더 중요한 것은 그 자신과 하나님의 관계가 달라졌다는 것이다. 그는 기뻐하며 이렇게 썼다.

"우리의 삶 속에 하나님이 실제로 존재하실 수 있고, 우리의 생각과 행위의 배경에 항상 하나님이 계실 수 있다는 것은 참으로 놀라운 일이다."

텔레파시와 같은 주파수를 사용하는 기도에 관한 가설들은 아마 반쪽 진리로 드러날 것이다. 글렌 클라크는 기도가 텔레파시보다 더 깊은 차원에서, 우리가 위대하신 아버지 하나님께 흘러 들어가는 가장 깊은 차원에서 역사한다고 믿는다. 그의 말이 맞는다면 우리의 실험은 최소한 올바른 방향으로 가고 있는 것이다.

[우리는 신대륙에 도착했다]

영의 영역을 탐험하는 사람들은 신대륙에 도착했지만 그 너머에 무엇이 있는지 몰랐던 콜럼버스와 같다. 우리는 이제 겨우 기도의 교두보에 이르렀을 것이다. 우리가 탐험하고 정복하고 일구어야 할 광대한 미지의 대륙이 우리 너머에 있다. 발견만큼 신나는 일은 없다. 모든 그리스도인은 세상에서 가장 아름다운 곳, 영의 세계에서 가장 숭고한 모험에 동참할 수 있다. 또 동참해야만 한다. 아무도 집을 떠나거나 직장을 그만두지 않아도 된다. 마음은 항상 우리 안에 있고 그 마음속에서 탐험이 이루어지기 때문이다.

월트 휘트먼(Walt Whitman)의 시 〈인도로 가는 길〉(Passage to India)의 마지막 구절은 매혹적인 영적 발견의 항해를 하고 있는 우리의 이야기일 수 있다.

앞으로 나아가라, 오직 깊은 바다로 나아가라,

오, 영혼이여, 무모하게 탐험하라.

내가 당신과 함께 있고 당신이 나와 함께 있노라.

뱃사람도 아직 가보지 않은 곳으로

우리가 가고 있다.

배와 우리 자신과 모두를 위태롭게 만들면서.

오, 나의 용감한 영혼이여!

오, 더 멀리, 더 멀리 항해하라!

오, 대담하지만 안전한 기쁨이여!

모두 하나님의 바다가 아니더냐,

오, 더 멀리, 더 멀리, 더 멀리 항해하라!

04
—
중보기도를 실험하라

우리가 도움이 될 만한 모든 일들을 기도로 동원할 때
기도는 강한 능력을 발휘한다.

[영적 탐험가들]

뛰어난 전기 공학자인 스타인메츠(Steinmetz)는 20세기의 가장 위대한 발견이 바로 영의 영역에서 이루어질 거라고 했다. 그의 말이 옳다. 그리고 그것은 오직 기도하는 자들만이 발견할 것이다. 하나님은 지금 우리에게 이런 발견이 필요하다는 것을 알고 계신다. 왜냐하면 우리가 사람들의 마음을 통제하기 위한 싸움을 하고 있기 때문이다. 어떤 이들은 모험에 대한 열정을 주체하지 못한다. 모든 언덕을 오를 때마다, 모든 모퉁이를 돌 때마다 숨이 막힐 듯 새롭고 놀라운 광경들이 눈앞에 펼쳐지기 때문이다. 기도의 모험은 흥미진진하고 재미있다. 우리가 하나님이 인도하시는 길을 따라갈 때 하나님께서 우리 앞에 계신다. 하나님은 깜짝 놀랄 만한 일들과 무한한 다양성을 사랑하시는 분이다.

[연금술의 단계에서]

영적인 영역에서는 무엇이 진리이고 무엇이 미신인지 판단하기가 쉽지 않다. 대부분 영적인 사실이 물리적인 현상보다 더 믿고 받아들이기 어렵기 때문이다. 영적인 문제에 관한 많은 자료가 의학과 화학이 '연금술'로 불릴 때와 같은 단계에 머물러 있다. 3세기 전만 해도 물리적 현상들을 조사하고 교대로 검토하는 기술이 미처 개발되지 않아 진리와 오류가 섞여 있었다. 신앙적인 경험에 관한 많은 문제에 있어서 우리가 아직 그런 단계에 있다. 우리가 영적인 정보를 조사하고 재검토하는 방법은 여전히 엉성하다. 이 정보들은 나름대로 시험해볼 필요가 있다. 당신은 기도를 핀으로 고정시킬 수 없고, 현미경 아래 둘 수도 없으며, 수술대 위에 두고 해부할 수도 없다. 우리는 각자 자기 영혼의 실험실로 들어가 대부분의 실험을 홀로 해보아야 하고, 비슷한 실험을 하는 다른 사람들과 정보도 교환해야 한다. 내면적 실험에서는 증인이 한 명밖에 없기 때문에 잘못된 관찰, 잘못된 기억, 잠재의식적 왜곡이 일어나기 쉽다. 경험을 기록하는 작가의 글과 독자가 읽는 글의 의미는 아마 같지 않을 것이다.

[어떤 결과가 눈에 보이는가]

어떤 결과는 모든 사람이 볼 수 있다. 기도가 기적적으로 응답되고, 나뉘었던 마음이 하나가 되고, 악한 사람이 성자가 되고, 절름발이가 똑바로 걷고, 맹인이 앞을 본다면, 우리는 명백한 외적 증거를 가진 것이다. 멀리 있는 다른 사람들을 위해 기도함으로써 얻은 결과를 보여주려면 더 좋은 방법을 고안해내야 한다. 이 문제에 관한 증거는 검증이 가능하다. 논쟁이 아닌 실험을 통해 모든 의심이 해결될 것이다. 다음 몇 페이지에 걸쳐서 중보기도를 실험하는 몇 가지 새로운 방법들을 제안할 것이다.

[좀 더 훈련된 실험자들이 필요하다]

과학적인 방법으로 훈련을 받아온 사람들, 그리고 중보기도를 통해 실험하고 있는 사람들이 더 많이 모여서 자신이 발견한 사실들을 서로 나누어야 한다. 그렇게 해야만 참과 거짓을 가려낼 수 있고, 마침내 다른 사람들을 위한 기도의 법칙을 좀 더 정확히 설명할 수 있다. 이 분야가 너무 성스

러워서 실험 대상이 아니라는 말은 사실이 아니다. 오히려 정반대다. 기도가 성경만큼 중요한가? 교회가 그렇게 말하고 있는가? 그렇다면 모든 성도들은 의심의 그림자를 뛰어넘어 확신에 이르러야 한다. 기도는 너무나 성스러운 것이어서 인류가 감당해야 하는 것이다.

[새로운 사실들에 대한 새로운 이름]

새로운 것들을 발견한 사람들이 모두 그렇듯이, 우리는 우리가 발견한 것에 이름을 지어주어야 한다. 한번은 '캠프 파디스트 아웃'에서 일주일 내내 우리를 둘러싸던 사랑과 기도의 특별한 경험을 뭐라 이름 지을지 제안하며 재미있는 시간을 보냈다. "여러분은 온종일 서로를 향해, 그리고 세상을 향해 기도를 쏘아보냈습니다"라고 리더가 말했다. "그것이 어떤 느낌인지 알 거예요. 그러면 이제 거기에 이름을 지어봅시다!"

그들은 다음과 같은 여러 제안을 했다.

"섬광기도, 화살기도, 흩뿌리는 기도, 사람들 주위에, 또는 그들을 통해 기도 흘러보내기, 속삭이는 기도, 기도의 후

광 비추기, 기도의 망토 두르기, 기도로 감싸기, 사람들 안에 계신 그리스도를 돕기, 사람들과 그리스도를 하나로 묶기."

많은 사람들은 글렌 클라크의 '기도와 사랑의 방송' (Broadcasting Prayer and Love)이라는 이름이 그 아름다운 경험을 가장 잘 묘사한다고 생각했다.

[캠프 방송]

글렌 클라크의 지도 아래 백여 명의 사람들이 그리스도가 팔을 뻗으신 모습처럼 원이나 U 또는 V자 형태를 만들고, '방송을 내보내는' 동안 서로 손을 꼭 붙잡고 있다. 이런 식으로 기도를 극적으로 표현할 때 많은 사람들의 참여를 이끌어내고 상상력을 자극한다. 그들은 자신들이 만든 원이 워싱턴으로 이동하여 중앙에 미 대통령이 앉아 있는 백악관을 둘러싸는 상상을 한다.

그다음에 리더가 이렇게 말한다.

"하나님, 이 원을 중요한 통로로 사용하셔서 우리를 통해 주님의 사랑이 대통령에게 흘러갈 수 있도록 해주소서. 우리를 사용하여 그가 직면하는 큰 문제 속에서 하나님의 인도하심을 갈망하게 만들어주소서. 우리를 사용하여 그가 주님의 음성을 듣고 세상을 위해 주의 뜻을 행하도록 도우소서. 우리 손으로 그를 하나님께 올려드립니다. 그를 하나님의 임재 안에 둡니다."

그 큰 원은 상상 속에서 대서양을 건너 런던으로 가서 영국 수상을 에워싼다. 거기서도 똑같은 기도가 반복된다. 그 다음에 모스크바로 가서 러시아의 수상을 둘러싸고, 중국, 인도, 일본, 독일 등 하나님의 지혜와 도움을 가장 필요로 하는 사람과 나라들을 찾아간다.*

글렌 클라크의 캠프는 그들이 '기도 방송'(prayer broadcasts)을 하는 동안과 그 전후로 기적적인 일들이 일어나는 것을 보았고, 대규모 기도 방송이 역사의 흐름까지 변화시키는 것을 확신하게 되었다.

---

* 이 기도가 친구든 적이든, 모든 세계 지도자들에게 마땅히 적용할 기도임을 기억하라. 그것은 하나님께 무엇을 해달라고 말하지 않고, 하나님이 말씀하시는 동안 그들이 듣도록 돕는 기도이다. 우리는 전화 교환원들과 같다. 하나님과 사람들을 연결시켜주고, 하나님이 말씀하시도록 하는 것이다

$$\left[\; 기도\ 제목\; \right]$$

우리의 친구, 친척, 우리 자신을 위해서 계속 기도하는 동안 우리는 기도의 우선순위를 가지고 기도를 확장해가야 한다.

　다음의 사람들은 집중적인 기도가 필요한 사람들이다. 미국 대통령과 국회의원, 영국 수상과 국회의원, 러시아 수상과 지도자들, 중국의 지도자들, 모든 평화회의의 대표들, 일본인, 독일인, 기독교와 유대교의 교인들과 성직자들, 선교사들, 영화 제작자들, 라디오 방송인들, 온갖 노예들과 압제당하는 자들, 흑인들, 일본계 미국인들. 우리는 백인들이 인종차별을 하지 않도록 기도하고, 문맹인들을 위해, 모든 교사와 부모를 위해 기도해야 한다. 자본가와 노동자들이 서로 이해하도록, 인류애를 위해, 협동조합을 위해, 사람들의 마음이 세계 비전을 품을 만큼 넓어지기를, 기업 윤리와 기독교 경제 체제를 위해, 귀환한 군인들을 위해, 어린이와 청년들을 위해, 건전한 문학을 위해, 술과 마약과 온갖 악의 피해자들을 위해, 교육자들과 더 나은 교육을 위해 기도해야 한다. 증오가 사라지고 사랑이 세계를 다스리도록 기도해야 한다. 더 많은 기도가 드려지도록 기도해야 한다. 그것이 세상에서 가장 강력한 치유의 힘이기 때문이다.

틀림없이 이 긴 목록에는 당신 자신의 우선적인 기도제목들이 빠져 있을 것이다. 각 사람은 자신이 가장 필요하다고 생각하는 주제들에 대해 기도해야 한다. 마음과 믿음을 다해 기도하지 않으면 기도는 아무 가치가 없기 때문이다.

종이와 연필을 옆에 두고 기도하라. 하나님께서 어떤 생각이 떠오르게 하시면 그것을 기록하고, 그것을 행동으로 옮길 수 있을 때까지 보이는 곳에 두라. 각 사람들의 이름을 부르며 기도하라. 꼭 필요한 기도는 항상 어떻게 해야 하는지 행할 일들을 알려주신다. 사실 기도와 행동은 함께 가야 한다. 그렇지 않으면 둘 다 약해진다. 세상에서 가장 강한 사람은 기도에도 강하고 행동에도 강한 사람이다. 이들은 아무도 이길 수 없는 무적의 결합이다.

글렌 클라크는《내 눈을 듭니다》(I Will Lift Up Mine Eyes)라는 책에서 우리의 가장 깊은 영혼의 갈망들을 사려 깊게 기록하고 그것들을 하나님께 기도로 아뢰며 번제로 드리는 법을 알려준다. 이렇게 행하는 많은 사람들이 정말 희한하게도 하나님이 그 기도에 정확하고 완전하게 응답해주신다고 말한다. 이 기법이 하나님께 마법과 같은 영향력을 행사하지는 않지만, 우리 자신의 생각이 좀 더 명확해지고 세심해지도록 도와준다. 많은 이들이 자신의 생각을 기록하기 전까지는 자신이 무엇을 생각하는지 정확히 모른다. 대부분의 사람들은 온전한 생각을 하지 않는다. 그들의 머릿속은 산산조각 난 유리창처럼 깨진 생각의 조각들로 가득하다. 그들의 기도 역시 생각과 마찬가지로 대개 산산조각이 나 있다. 우리가 우리의 생각을 기록하면 그것을 좀 더 온전하게 만들 수 있다. 이것은 우리의 생각이 복잡해져야 한다는 뜻이 아니다. 가장 명확한 생각은 종종 간결하게 기록되고 회초리처럼 딱 부러진다. 온전한 기도 역시 10초 안에 번뜩 떠오를 수 있다.

[화살기도]

'기도하는 천만 명'에 동참하기 위해 집을 떠나거나 사업을 등한히 하지 않아도 된다. 모든 사람은 일상 속에서 헛되이 보내는 자투리 시간들이 수없이 많다. 우리는 그 시간을 10초나 1분 단위의 나누어서 화살기도를 할 수 있다.

　다음은 그런 순간의 예를 나열한 것이다.

아침에 잠에서 깰 때

욕실에서

옷을 입을 때

계단을 걸어 내려올 때

식탁에서 기도할 때

집을 나설 때

차를 타거나 걸어서 출근할 때

엘리베이터를 탈 때

인터뷰 사이사이에

점심식사를 준비할 때

침대에 누워 잠이 들 때까지

그 밖에도 우리에게는 다른 자투리 시간들이 하루에 백 번은 더 있을 것이다.

[실험자로서 여행하는 사람들]

미국에서 종교적인 이유로, 혹은 자선의 목적으로 여행하는 수천 명의 사람들, 도소매로 물건을 파는 사람들, 보험 설계사, 정부 공무원, 군인들이 주변의 모르는 사람들을 위해 기도한다면 인류의 발전에 엄청난 기여를 할 수 있을 것이다. 그들은 열차 안에서 부채질하는 벌들이다!

마치 수녀들처럼, 함께 여행하는 두 사람이 실험을 하고 그 결과를 같이 나누면 특히 더 흥미롭다.

[기차와 식당에서의 실험]

여행을 많이 다니는 사람들은 전차에서, 기차에서, 역에서, 식당에서, 콘서트장이나 강의실에서, 사람들의 뒤에 앉아 그들의 뒤통수를 쳐다보며 기도할 수 있는 기회가 매우 많다. 그때 우리는 눈을 크게 뜨고 그들 중에 얼마나 많은 이들이 깨어 있는 징후를 보이는지 지켜볼 수 있다.

나는 방금 반 블록 정도 떨어진 곳 창가에 앉아 있는 한 남자를 쳐다보고 있었다. 나는 재빨리 그에게 기도의 불을 던지며 서너 번 빠르게 말했다.

"예수님, 친구여, 예수님이 당신에게 다가가고 있습니다."

30초쯤 후에 그 남자는 손으로 머리를 감싸더니 마치 기도하듯이 탁자 위로 몸을 굽혔다. 전차 안에서 "예수, 예수, 예수"를 반복하며 열심히, 똑바로 화살기도를 보내면 대개 근처에 있는 사람들 몇몇은 마치 누군가가 그들에게 말을 건 것처럼 행동한다. 처음에 그들이 반응을 보이지 않으면 그들이 듣고 있다는 징후를 보일 때까지 계속 반복할 수 있다. 그들은 신기한 듯이 당신을 쳐다보고, 때로는 미소를 지으며, 종종 어떤 말을 할 것이다.

모든 그리스도인들이 이런 습관을 들여야 한다. 나는 그것이 어떤 느낌인지 묘사하려고 한다. 마치 나의 머리와 가슴과 손가락에서, 즉 나의 온 신경기관에서 이 기도를 밀어내고 있는 듯한 느낌이다. 한 번씩 밀어낼 때마다 코로 약간씩 숨을 내쉬는 것을 발견한다. 조금 지나면 마치 자석 주변의 자기장처럼 차나 방 안이 약간씩 '들썩이는' 듯한 느낌이 든다. 모든 사람들이 오랜 친구처럼 행동한다. 사람들은 우리가 그들을 위해 기도하는 것을 좋아하는 것 같다.

책을 읽거나 말을 하느라 바쁜 사람들은 반응하지 않는 것 같다. 당연한 일이다. 우리는 서로 같은 파장을 가진 두 방송이 전파 속에서 서로 어떻게 방해하는지 보았다. 생각도 그와 같을 수 있다. 마음이 비어 있는 사람들과 "그다음엔 뭘 할까요?"라고 묻는 사람들은 반응을 보일 것이고, 종종 알겠다는 표정이나 호기심 어린 표정으로 재빨리 예리하게 쳐다볼 것이다.

이렇게 다른 사람들을 위한 기도는 우리를 피곤하게 만드는 것이 아니라 오히려 내가 아는 가장 훌륭한 강장제이다. 당신이 일을 하거나 공부를 하거나 몹시 피곤할 때 거리로 나가 사람들을 위해 화살기도를 해보라. 하늘로부터 오는 자극으로 당신은 흥분될 것이다. 기도는 "두 배로 복을 받는 일이다. 주는 사람이나 받는 사람 모두에게 복을 주기 때문이다." 당신이 정말 유익하고 격려가 되는 경험을 하고 싶다면, 하루 시간을 내어 자신의 신분을 숨긴 채 버스나 전차를 타고 다니며 사람들에게 한 사람씩 강하고 빠른 화살기도를 한 후 어떤 결과가 나타나는지 보라. 이것을 수백 번, 가능하면 수천 번 하고 그들 중 몇 퍼센트나 당신의 방송을 듣는지 관찰해보라.

[놀라운 응답]

나는 펜실베이니아 주의 기차를 타고 가면서 호프만 (Hoffman)의 〈소년 그리스도〉라는 그림을 손에 들고 앞에 있는 여자의 뒤통수를 보며 기도했다.

그때 그녀가 갑자기 뒤로 돌아서서 이렇게 말했다.

"세상에 필요한 건 더 많은 믿음이에요."

"당신은 선교사입니까?"

내가 물었다.

"아니요. 제 남편이 열차 차장이에요."

"당신은 매우 신앙적인 사람인가 봅니다."

"아니요. 저는 감리교 신자이지만 별로 하는 일이 없어요."

"그러면 왜 세상에 더 많은 믿음이 필요하다고 말씀하신 겁니까?"

내가 물었다.

"모르겠어요. 그냥 그렇게 얘기하고 싶었어요."

우리가 만나는 모든 사람들을 위해 기도할 때 이런 일들이 매일 일어난다. 기도하지 않으면 절대 일어나지 않을 일들이다.

[그들이 언제 당신의 말을 듣는지 어떻게 알까?]

사람들이 아무 반응도 보이지 않는다고 해서 그들이 모른다고 단정 지을 수는 없다. 어쩌면 그들은 반응하고 싶은 충동을 억누르고 있을 수도 있다. 우리는 모두 다른 사람이 응시하는 것을 알아차리지만 분명한 관심이 없거나 그 사람을 신뢰하지 않는다면 어떤 반응도 나타내지 않으려고 할 것이다. 우리는 본능적으로 신중을 기한다. 우리가 사람들을 위해 기도할 때(또는 그런 식으로 우리가 그들에게 아침 인사를 건넬 때) 그들이 종종 아무 말도 하지 않는 이유가 이것이다. 그들은 기도하듯이 머리를 손으로 감싸거나, 위를 올려다보며 눈을 감거나, 한숨을 쉬거나, 주위를 둘러보거나, 손으로 뒷머리를 쓰다듬거나, 일어나서 걷거나, 양 옆이나 위아래로 고개를 흔들거나, 누군가 말을 걸어온 것처럼 갑자기 몸을 홱 돌리거나 하는 반응으로 관심을 드러낸다.

당신이 몇 분, 혹은 몇 시간 동안 기차를 기다려야 한다면 기차역은 실험하기에 최적의 장소가 된다. 어떤 대상을 정한 다음 시선을 고정시키고, 그 자리에서 가만히 사방으로 '마음의 전파'를 보내보라. 우리가 라디오를 켰을 때처럼 어떤 사람은 활기를 띠고 기운을 내는 것처럼 보인다. 또 어떤 사람은 우리 주변의 모든 사람들을 위한 하나님의 소망에 대해 하나님과 이야기를 나눈다. 우리는 한 번에 한 사람씩 조용하고 작은 기도의 압력을 보낸다. 하나님 또한 그들에게 속삭이시며, 누가 듣고 반응을 보이는지 보신다. 그런 실험을 시도해보는 사람들만이 기차역에서 드리는 선한 기도가 어떤 일을 할 수 있는지 희미하게나마 엿보게 될 것이다. 지금 기차역에서 글을 쓰는 동안에도 내 맞은편에 있는 남자가 나를 계속해서 뚫어지게 쳐다보고 있다. 마치 "저에게 말씀하셨습니까?"라고 묻는 것 같은 표정이다. 내 옆에 있던 젊은 여자가 군인인 자기 친구에게 귓속말을 하자 그가 그녀에게 큰 소리로 말했다. "네가 너무 예민한 거야." 그 두 사람이 나를 유심히 쳐다보고 있다.

틀림없이 기도가 그런 일을 하는 것이다. 내가 사람들을 위해 기도하지 않을 때 그들은 아무 관심도, 친근한 반응도 보이지 않는다. 기도하지 않을 때 나는 존재감이 아예 없다. 그러나 기도의 압력을 가하기 시작하면, 신기하게도 사람들의 얼굴에 온화한 기색이 나타나면서 나를 쳐다보고 말을 걸려고 한다. 수백 또는 수천 명의 그리스도인들이 이렇게 주위 사람들을 위해 기도의 스위치를 '켜고 *끄는*' 실험을 했다면 이 중요한 사실에 대한 지식이 훨씬 더 풍부해졌을 것이다. 또한 그들이 다른 사람들을 위해 기도해보지 않았다면 인생에서 가장 큰 기쁨 중에 하나를 놓쳤을 것이다.

드물지만 어떤 사람들에게서 성자와 같은 인격을 느꼈던

경험이 아마 있을 것이다. 그것은 오직 기도로 사는 사람들 안에서만 자라나는 인격이다. 과학은 이에 관해 모르고 거의 아무것도 입증할 수 없다. 과학은 형광성과 같은 단순한 현상의 본질에 대해 알지 못하지만, 우리 중에 이미 많은 사람들이 그것을 직접 보았다. 기도로 실험을 할 때 우리는 가장 중요하면서도 가장 알려지지 않은 분야에서 과학자가 되는 것이다.

이제 중보기도에 대한 침묵의 모의를 멈춰야 할 때다. 지식인들도 미개인만큼이나 금기시하는 것들을 많이 가지고 있는데 이것도 그중에 하나이다. '신비주의'라고 불릴 것을 두려워해서 기도를 과학적으로 탐구해보지 않는 것이다. 예를 들면 사람들 앞에서 이런 사실을 고백하는 사람들은 많지 않다. 하지만 이보다 더 그리스도를 닮은 모습이 있을까?

[큰 소리로 말하는 침묵]

열 명 중 아홉은 그 생각과 기도가 너무 약해서 마치 수준이 낮은 방송 같다. 그럴지라도 우리는 지속적인 훈련을 통해 우리의 생각과 기도가 더 큰 소리를 내고 더 멀리 가도록 만들 수 있다. 내 생각에 아직 우리의 생각이 큰 소리를 내거나 우리의 기도가 멀리까지 방송되도록 하는 특별한 기술을 설명한 사람은 없는 것 같다. 많은 사람들이 사랑하는 사람이 두려워하거나 사고를 당했을 때 멀리서도 어떤 메시지를 듣는다고 하는 것을 보면 전파의 강도와 거리가 서로 직접적인 관련이 있다는 것을 알 수 있다.

어떤 사람들은 자동차나 버스 안에 있는 동안에도 우리의 영이 다른 사람들에게 걸어가 그들의 어깨를 툭툭 치거나 이런 말을 하는 상상을 한다.

"이 차 안에 그리스도께서 계십니다. 그분이 당신에게 걸어오고 계십니다. 당신에게도, 또 당신에게도. 그분이 이렇게 말씀하십니다. '나는 네 안에 숨겨져 있는 능력을 본다. 더 크게 쓰임받을 수 있는 능력, 인격과 행복과 우정을 본다. 그 아름다운 자질들이 여전히 봉오리 안에 있구나. 네가 허락한다면 내가 그것을 피어나게 하겠다. 내가 너를 아름다운 사람으로 만들어서 온 세상에 축복이 되게 하겠다.'"

사람들의 잠재의식은 미래에 대한 그리스도의 아름다운 계획에 대해 간절히 듣고 싶어 하는 것 같다. 누군가 그 사람을 향한 그리스도의 소망을 그의 귀에 조용히 속삭여줄 때 그는 안도의 숨을 내쉬며 행복한 표정을 짓는다.

[사람들에게 기도의 망토를 덮어주라]

이와 같이 어떤 사람이나 그룹을 위해 기도할 때 마치 우리가 영적인 망토를 던져준 것 같은 기분이 든다. 다른 사람이 우리를 위해 기도할 때 나 역시 똑같은 영적 망토가 나를 감싸는 것을 아주 뚜렷하게 느낄 수 있다. 나는 종종 다른 사람들에게 이렇게 질문함으로써 이 느낌을 확인한다.

"그때 저를 위한 기도를 시작하셨습니까?"

그리고 항상 내 추측이 맞았다는 것을 알게 되었다. 나는 사람들이 나를 위해 기도하고 있다는 그 황홀한 느낌을 세상 그 무엇보다 더 좋아한다. 당신이 다른 사람들을 위해 기도한다면 그들이 좋아할 것이고 하나님도 좋아하실 것이다. 하나님이 그들에게 다가가시도록 당신이 돕고 있기 때문이다.

그러나 한편으로 누구나 다른 사람이 자신을 빤히 쳐다보는 것을 싫어한다. 기분이 나빠서 일부러 고개를 돌리지 않을 수도 있다. 그것은 다른 사람의 의지를 침범하려는 것과 매우 비슷하다. 누구도 노예가 되는 것을 원치 않는다.

게다가 사람들은 기도 가운데 책망 듣는 것을 좋아하지 않는다. 다른 사람들이 이 기도 실험에 실패한다면, 아마 기도를 받는 사람에게 불쾌감을 주었거나 그 사람과 무관한 생각을 전달하려고 한 것이 원인일 것이다. 따라서 당신의 기도가 다른 사람들의 무의식을 지키고 있는 의심의 방어벽을 통과하기 원한다면 당신이 품은 가장 고귀한 꿈을 위해 기도하고, 부정적인 생각들은 떨쳐버려라. 예수님의 기도는 전부 긍정적이었다.

[신문을 읽으면서 기도하라]

우리 중에 신문을 읽다가 세계 지도자의 이름이 나오면 나지막이 "주님, 이 사람이 주님에 대한 갈급함을 느끼게 하소서"라고 기도하는 사람들이 있다. 또는 단순하게 '예수님'과 그 사람의 이름을 같이 부른다. 이렇게 한다고 해도 신문 읽는 일이 1초 이상 지연되지는 않을 것이다. 우리는 1초 동안 기도로 예수님과 그 사람을 이어줌으로써 아주 좋은 일을 할 수 있다. 이것이 습관이 되면 우리는 온 세상에 은밀한 축복을 셀 수 없이 많이 퍼뜨릴 것이며, 수많은 사람들이 신문을 읽으며 기도할 때 그로 인해 세상이 구원을 받을지도 모른다.

[음악을 들으면서 기도하라]

라디오 음악을 들을 때 우리는 눈을 뜨거나 감고 앉아서 조용히 기도하며 15분 내지 30분 동안 매우 유익한 시간을 보낼 수 있다.

"지금 제가 하나님과 무엇을 나누기 원하십니까? 저의 마음속에 주님의 생각을 품게 하소서. 저를 통로로 사용하셔서 라디오를 듣는 이들이 주님과 더욱 가까워지고 주님의 말씀을 듣고 주님의 뜻을 행하려는 갈급함을 갖게 하소서."

[기억나는 모든 사람을 위해 기도하라]

생각나는 모든 사람에게 "예수님"이라고 속삭이는 습관을 들이는 것은 아름다운 일이다. 이것은 우리 자신에게도 놀라운 효과가 있다. 비판하는 마음 대신 사랑을 불러일으키기 때문이다. 다른 사람들을 못마땅해하는 못된 성향을 바로잡는 효과가 있다. 호감이 안 가는 사람들일수록 더 사랑해야 하며, 하나님의 도우심으로 그들이 가장 바람직한 모습이 되도록 기도해야 한다. 그 사람의 현재 모습은 잊고, 그 사람의 온전한 모습을 생생하게 생각하라. 그러면 당신의 생각이 즉시 현실로 이루어지기 시작할 것이다.

결국 우리는 잠자는 시간만 빼고 온종일 기도하는 경지에 이를 것이다. 잠들면 기도의 해가 지고, 잠에서 깨면 기도의 새로운 해가 뜨는 것이다. 그때 우리는 점점 더 놀라운 응답들이 오는 것을 보게 될 것이다. 이 황홀감을 함께 느낄 사람을 찾기 어렵다는 사실이 너무 가슴 아프다.

[잠에서 깰 때와 잠들 때 기도하라]

잠이 들 때와 깰 때의 순간을 기도로 가득 채운다면 무척 아름다울 것이다. 우리는 그 습관을 쉽게 들일 수 있다. 그러면 밤에 눈을 감거나 새벽에 눈을 뜨면 저절로 기도해야겠다는 생각이 들 것이다.

"내가 깰 때에도 여전히 주와 함께 있나이다"(시 139:18).

사람들은 밤에 잠이 안 오면 수많은 시간을 허비한다. 우리는 이 잠 못 드는 시간을 정말 유익하게 사용할 수 있다. 그 시간에 마음속에 떠오르는 모든 사람을 위해 기도함으로써 더 나은 세상을 만들어갈 수 있다. 예를 들면 "하나님, 저의 기도를 사용하여 스탈린이 하나님에 대한 갈급함을 느끼도록 도와주옵소서. 그가 하나님의 조용한 음성을 듣고 하나님의 뜻에 순종하게 하소서"라고 기도하는 것이다.

아마 우리는 1시간 동안 우리가 반쯤 잠들었을 때 잠깐씩 떠오르는 생각의 조각들까지 기도로 바꿀 수 있을 것이다. 수백만 명의 사람들이 이것을 배운다면 우리의 기도는 셀 수 없을 만큼 어마어마해질 것이며, 그 기도의 영향력 또한 헤아릴 수 없을 것이다.

> 모든 행동을 하기 전에, 하는 동안에,
> 하고 난 후에 기도하라

우리는 기도와 행동을 서로 결합시켜야 한다. 훌륭한 외과의사가 기도하며 일할 때 자신의 일을 가장 잘하는 것처럼 우리 모두 기도할 때 우리의 일을 가장 잘할 수 있다. 노력하기에 앞서 기도하고, 노력하면서 기도하고, 노력한 다음에도 기도한다면 늘 기대 이상의 성과를 거두게 된다는 것을 발견하지 않는가? 기도는 우리 행동의 5분의 4를 차지한다. 어떤 이유에서든 우리가 기도하기를 잊는다면 우리의 노력은 제대로 효과를 거두지 못한다. 한편으로 우리가 도움이 될 만한 모든 일들을 기도로 동원할 때 기도는 강한 능력을 발휘한다.

당신이, 바로 당신이,
기도의 응답이 될 수 있다.
해야 할 일이 있고
이겨야 할 싸움이 있다.
또한 수많은 사람들이 기도하며
두 손을 들고 마음으로 말하고 있다.
"오, 주님, 옳은 것이 그른 것을 정복하기까지
얼마나 오래 걸릴까요?"
당신이 그 기도에 응답할 수 있고
당신이 그 기도의 응답이 될 수 있다.
_A. D. 부쉐(Buchet)

해롤드 브레드슨(E. Harold Bredesen)은 시계를 하나 가지고 있는데, 전쟁 중 침몰하는 배에서 건져낸 그의 형의 시계였다. 그 시계는 15분마다 울린다. 시계가 울릴 때마다 브레드슨은 자신의 기도제목들을 적어놓은 카드를 본다. 그리고 화살기도를 한 후에, 그 카드를 기도 카드 꾸러미 맨 아래에 둔다. 기도하고 싶은 제목들이 새로 생길 때마다 카드 꾸러미는 점점 더 커진다. 이것이 15분마다 하는 게임이다!

또 다른 사람은 천 명이 넘는 친구들의 사진을 벽에 붙여놓고 어둠 속에서 각 사진에 손전등을 비춰가며 그들을 위해 기도했다. 때마침 그가 기도하는 시간에 친구들이 그에게 편지를 쓰는가 하면 병이 낫거나 병세가 급속히 회복되는 일들도 있었다.

어떤 이들은 자신이 속한 주(州)의 상원의원들에게, 지역 대표들에게 편지를 써 보냈다. 그들 한 사람 한 사람을 위해 기도하기 원한다는 말을 전하고, 사진에 사인을 해서 우리에게 보내줄 수 있는지 물었다. 그럴 때 우리가 더 사실적으로 기도하는 데 도움이 되기 때문이다. 거의 모든 상원의원들과 지역 대표들이 그런 편지를 환영한다. 우리가 그들을 위해 기도하고 있다는 것을 알면 이기적인 로비스트들에게 굴복하려던 미묘하고 끊임없는 유혹들과 싸우는 데 도움이 될 것이다. 우리는 이 단순한 행위로 역사의 방향을 주도해갈 것이다.

[몸의 자세는 중요하지 않다]

어떤 사람들이 기도할 수 있는데도 그 기회를 제대로 활용하지 못하는 이유는 꼭 특정한 자세를 취해야 한다고 생각하기 때문이다. 기도할 때 눈을 감거나 위를 쳐다보거나 무릎을 꿇거나 일어서는 것, 손을 모으거나 고개를 숙이거나 또는 자세를 살짝 바꾸는 것은 본질적인 것이 아니다. 물론 이런 습관에 익숙해지면 도움이 된다. 어떤 자세는 마음과 몸을 편안하게 하는 데 도움이 되기 때문이다. 그러나 기도할 수 있는 의자나 눈을 감고 기도할 수 있는 기회가 생길 때까지 화살기도를 미루어서는 안 된다. 운전하는 동안 매 순간 눈으로 길을 살피면서도 얼마든지 아주 잘 기도할 수 있다.

　필리핀의 칼리스토 새니다드(Calixto Sanidad) 목사는 이렇게 말했다.

"나는 손으로 쟁기를 잡고, 눈은 밭고랑을 보고, 밭을 갈면서도 마음은 하나님을 향했다."

그것은 사실이다. 기도와 노동의 결합이다!

[몸으로 기도하기]

글렌 클라크의 캠프에 참석해본 사람들은 체조가 기도에 얼마나 큰 도움이 될 수 있는지 잘 안다. 우리는 팔을 충분히 밖으로, 위로, 아래로, 앞으로 뻗으면서 리듬에 맞춰서 이렇게 반복할 수 있다.

"주여, 제 몸과, 제 마음과, 제 감정을 사용하여, 대통령이, 주의 말씀을 듣고, 주의 뜻, 행하기를, 갈망하며, 사모하게, 도우소서."

글렌 클라크는 다음과 같이 말한다.

"우리가 진실하게 기도하고, 모든 것을 내려놓고, 온 힘을 다해 기도하려면 우리의 전 존재로 기도해야 한다는 것을 알았다. 그것은 우리의 마음과 영혼뿐 아니라 몸도 포함하는 기술이다."

가장 좋은 기도 방법 중에 하나는 힘차게 걸으면서 기도하는 것이다. 걸으면서 다음과 같이 리듬에 맞춰 하나님께 이야기한다.

"주님, 저의 기도를 사용하여, 제가 지나치는 이 사람들을 도우소서, 하나님을 바라보고, 하나님의 음성을 갈망하며, 하나님의 뜻 행하기를 열망하고, 하나님의 말씀을 듣고, 하나님의 음성에 순종하고, 하나님의 뜻을 행하게 하소서."

걸으면서 기도하는 것보다 더 신나는 운동법은 없다. 당신의 뇌가 지쳤는가? 사람이 많은 곳으로 나가 사방으로 기도를 퍼뜨려라. 마치 신부의 면사포처럼 기도가 당신을 지나치는 사람들을 뒤따르게 하라. 당신은 부드러운 아침 햇살과 같이 엷게 비치는 무언가가 당신이 기도하는 사람들을 따라 흘러가는 것을 느낄 것이다. 당신도 나와 같은 경험을 한다면 오랫동안 사용하지 않은 근육에 뭔가 이상한 힘이 생기는 것을 느낄 것이다. 근력이 약한 소아마비 환자가 근육을 강하게 만들어야 하는 것처럼, 그것은 당신의 영혼을 강하게 만들어갈 것이다.

과거에 이런 방법을 알지 못해 잘못한 것 같은 기분이 들고, 그래서 이런 식의 기도 훈련을 받기 원한다면 방법은 매우 간단하다. 어린아이도 할 수 있을 만큼 간단하다. 당신이 만나는 사람들을 쳐다보면서 숨 쉴 때마다 조용히 "예수님" 하고 말하는 것이다. 그렇게 함으로써 예수님이 그들에게 다가가시도록 돕는 것이다. 다른 중요한 말이 생각나면 그 말을 하라. 그러나 딱히 생각나지 않는다면 숨 쉴 때마다 "예수님"이라고 말하는 것으로도 충분하다. 전 세계에 방송하기에 그보다 더 복되고 숭고한 생각도 없을 것이다. 불화가 있더라도 부담 갖지 말라.

그다음에 노트를 가지고 다니면서 관찰한 결과들을 기록하라.

[연습하면 완벽해진다]

이 책을 읽는 동안 아마 중간에 몇 번씩 멈추고 기도했을 것이다. 지금부터는 단 1초 동안이라도 생각날 때마다 기도해야 한다. 습관 형성은 어떤 행동을 시작하고 몸에 붙게하는 과정이다. 당신이 거절하기 시작하면 거절이 습관이되고, 그것이 곧 기도의 습관을 방해한다. 그러면 당신은 내면에서 격돌하는 두 가지 충동의 희생자가 되는 것이다.

기도의 습관은 단순하고 자연스럽다. 당신이 예외를 두거나 거절함으로써 복잡하게 만들지 않는 이상 말이다. 당신이 어떤 예외도 없이 생각날 때마다 화살기도를 계속 쏘아 보낸다면, 얼마 후에 기도가 제2의 천성이 된 것을 발견할 것이다. 다른 사람을 흘낏 쳐다볼 때마다 부드러운 기도의 압력을 가하는 습관은 누구나 기를 수 있고, 그러다보면 마침내 밤하늘에 별들이 가득한 것처럼 작은 기도들로 하루를 가득 채우게 될 것이다. 하나님으로부터 우리 안에 부드럽게 흘러들어 오는 것들이 많아지고, 또 그것이 인류를 향해 끊임없이 흘러나간다. 많은 사람들로 붐비고, 힘들고, 절망적인 세상 한가운데서도 천국의 고요한 리듬이 우리의 것이 될 수 있다. 우리가 하나님의 평강 가운데 살 때 끔찍한 세상이 우리를 중심으로 점차 변해간다.

우리의 기도가 처음에는 약해 보이지만, 이 화살기도를 수천 번 연습하고 또 연습하면 점점 힘이 생기는 것을 느끼고 전파탐지기처럼 우리에게 돌아오는 것을 느낄 것이다. 그렇게 될 때 우리의 심장은 흥분하여 마구 뛰기 시작한다. 우리가 하나님을 위한 통로가 되는 법을 배우고 있고, 하나님의 자녀로서 하나님과 함께 하나님나라의 계획을 위해 일하고 있다는 것을 알기 때문이다.

하나님께서 우리를 사용하시도록 할 때 우리가 세상의 구원을 도울 수 있다는 놀라운 깨달음이 우리에게 매우 부담스러운 도전을 준다. 매 순간 공기가 비행기 날개를 압박하여 높이 떠 있게 하는 것처럼, 그것은 매 순간 우리의 시간을 압박한다.

[청소년들에게 자주 기도하도록 가르쳐라]

어느 진보적인 미국 교육학자가 이렇게 말했다.

"젊은이들에게 주일 아침에 긴 기도와 더 긴 설교를 듣도록 가르치는 대신, 하루에 여러 번 짧은 문장으로 기도하도록 가르쳐라. 기도가 모든 필요를 채우고 모든 임무를 완수하는 최선의 길임을 가르쳐라."

교회는 청소년들이 에너지를 창의적으로 사용하도록 도왔지만, 실제로 청소년들은 그보다 천 배나 많은 정신적, 육체적 에너지를 가지고 있다. 고등학생들에게 그들이 지도자들을 위해 기도할 때 실제로 세계 역사를 만들어갈 수 있다고 가르친다면 그들은 청소년답게 무모하고도 열정적으로 기도할 것이다. 그들이 중요한 일을 할 수 있다는 이 생각이 그들을 냉소주의에서 구해내고, 세계관을 넓히며, 정말 중요한 일들에 관심을 갖게 하고, 하나님을 가까이하게 하며, 봉사하려는 의욕을 갖게 하고, 사명감을 주고, 하찮은 죄에 빠져 인생을 허비하지 않도록 해준다.

청소년들에게는 강력한 대의명분과 그들이 바로 시작할 수 있는 프로그램이 필요하다. 모든 사람을 위해 기도하는 것이 바로 그런 프로그램이며 우리 시대를 구원하는 것이 바로 대의명분이다.

우리 어른들, 특히 60세 이상의 어른들에게도 청소년들과 마찬가지로 그런 명분이 필요하다. 주위를 둘러보면 노인들이 말년을 소일하며 보내기 위해 일을 그만두는 모습을 볼 수 있다. 그들은 대부분 길을 잃고 불행해지고 몇 달 내에 여위어 가다가 사망하는 경우가 많다. 그들 역시 기도부대(prayer army)에 합류하는 것이 가장 큰 희망이다. 기도가 어떻게 세계를 변화시키는지 그들이 안다면 하나님을 돕는다는 생각에 가슴이 뛸 것이다.

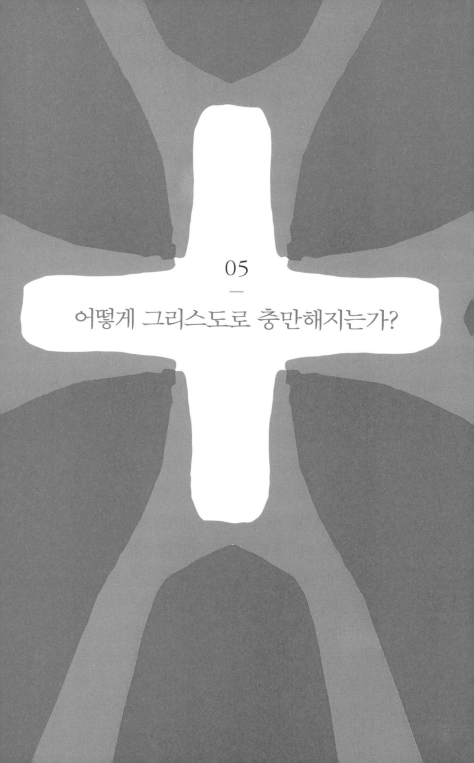

05
—
어떻게 그리스도로 충만해지는가?

그리스도가 세상을 정복하시도록 돕는 가장 좋은 방법은
우리 자신의 마음을 그리스도로 가득 채우는 것이다.

[예수님의 증거]

현대 심리학은 예수님이 생각에 대해 하신 모든 말씀을 강력하게 입증해준다. 모든 사람의 생각은 전 세계적으로 중요하다. 모든 악한 생각은 그 사람 자신을 오염시킬 뿐만 아니라 세상을 더 나쁘게 만들고 지옥을 향해 밀어 넣는다. 모든 좋은 생각은 그 사람 자신을 축복할 뿐 아니라 온 세상이 천국을 향해 나아가도록 한다.

따라서 예수님은 모든 행동의 근원인 마음속 깊은 곳으로 들어가신다. "너희가 살인하지 말라고 들었으나, 나는 미워하지 말라고 말한다. 너희가 간음하지 말라는 말을 들었으나, 나는 너희에게 음욕을 품지 말라고 말한다"고 예수님은 말씀하신다(마 5:21,27 참조). 모든 절도, 거짓말, 저속한 말, 살인이 악한 생각으로부터 오기 때문이다.

예수님은 바리새인들에게 이렇게 말씀하셨다.

"잔과 대접의 겉은 깨끗이 하되 그 안에는 탐욕과 방탕으로 가득하게 하는도다… 회칠한 무덤 같으니 겉으로는 아름답게 보이나 그 안에는 죽은 사람의 뼈와 모든 더러운 것이 가득하도다 이와 같이 너희도 겉으로는 사람에게 옳게 보이되 안으로는 외식과 불법이 가득하도다"(마 23:25-28).

이것은 예수님께서 바리새인들에게 하신 말씀이지만, 우리 시대에도 적용된다. "이 백성이 입술로는 나를 공경하되 마음은 내게서 멀도다… 나를 헛되이 경배하는도다"(마 15:8,9)라고 예수님도 말씀하셨다.

예수님 시대의 유대인들은 돼지고기를 먹는 것이 영혼과 몸을 더럽힌다고 생각했으나, 예수님은 그들에게 "입으로 들어가는 것이 사람을 더럽게 하는 것이 아니라 입에서 나오는 그것이 사람을 더럽게 하는 것이니라… 마음에서 나오는 것은 악한 생각과 살인과 간음과 음란과 도둑질과 거짓 증언과 비방이니 이런 것들이 사람을 더럽게 하는 것이요…"(마 15:11,19,20)라고 말씀하셨다.

예수님은 이 말씀을 몇 번 반복하셨다. "선한 사람은 그 쌓은 선에서 선한 것을 내고 악한 사람은 그 쌓은 악에서 악한 것을 내느니라"(마 12:35).

> 깨끗한 마음은 선하지만
> 충분히 선한 것은 아니다

마음에서 악한 생각들을 씻어내는 것은 꼭 필요한 일이다.

하지만 그것으로 충분하지는 않다. 비워진 마음은 비워진 채로, 또는 깨끗한 상태 그대로 남아 있지 않는다! 귀신이 사람의 마음에서 나갔다가 더 악한 귀신 일곱을 데리고 돌아왔다는 예수님의 이상한 비유는 정확히 핵심을 찔렀다. 귀신들은 사람의 마음이 깨끗해지고 비어 있는 것을 발견하고 몰려들어왔다. 악한 생각들을 쫓아내는 유일한 길은 선한 생각들, 꼭 필요하고 열정적인 생각들, 마음과 생각을 가득 채울 만큼 큰 생각들로 마음을 채우는 것이다.

더욱이 깨끗하게 비워진 마음은 그 자체로는 다른 사람들에게 아무 쓸모가 없다. 그런 마음은 이 세상을 저주하며 활활 타오르는 증오의 생각과 싸우거나 그 생각을 없애는 일을 하지 못하기 때문이다.

그렇기 때문에 바울은 예수님의 진리를 다음과 같이 말했다.

"무엇에든지 참되며 무엇에든지 경건하며 무엇에든지 옳으며 무엇에든지 정결하며 무엇에든지 사랑받을 만하며 무엇에든지 칭찬받을 만하며 무슨 덕이 있든지 무슨 기림이 있든지 이것들을 생각하라"(빌 4:8).

사람들에게 무슨 덕이 있으면 칭찬하고 그들의 약점은 잊으라. 우리가 어떤 것을 좋게 생각하든 나쁘게 생각하든,

우리는 우리가 생각하는 대상을 향한 생각에 사로잡히기 때문이다.

[새롭고 멋진 생각은 필요하지 않다]

우리가 꼭 새로운 생각을 해야 할 필요는 없다. 지금 우리에게 필요한 것은 새로운 생각들이 아니다. 심지어 새롭고 좋은 생각들도 아니다! 사람들이 새로운 생각들을 받아들이고 그것이 실제로 실행 가능한 생각인지 아닌지 알게 되기까지 몇십 년의 시간이 필요하다. 그런데 우리는 그 몇십 년을 기다릴 수 없다. 세상은 지금 도움이 필요하다. 바로 지금!

게다가 여러 새로운 사상들이 대부분 잘못된 것으로 판명된다. 그것은 전기를 식물에 적용할 때 매우 다양하게 나타나는 식물계의 '돌연변종들'과 같다. 백만 개 중 단 하나의 새로운 돌연변이만 진정한 개량종이다. 나머지는 더 못하거나 흉물스럽기까지 하다. 마키아벨리와 니체도 새로운 사상을 가지고 있었다. 히틀러가 그 사상을 이 세상에 이루려고 했고 세상에 오늘날의 죽음과 공포를 가져왔다. 모든 사상을 예수님의 삶과 가르침의 빛에 비추어 검증해볼 때까지 우리는 모든 새로운 생각들을 의심해야 한다. 예수님과 예수님의 길만이 하나님나라의 주인이 되어야 하며, 모든 생각은 그리스도와 조화를 이루어야 한다.

[그리스도의 가르침은 세상의 희망이다]

다행히 세상을 구원할 수 있는 지식은 이미 우리의 것이다. 그것은 예수 그리스도의 길, 그분의 존재, 그분의 가르침, 그리고 그분이 어떻게 사람들을 변화시키시는가 하는 것이다. 우리의 생각이 예수님과 하나가 될 때 우리는 거대한 강물 속에서 모든 인류와 나라들로 흘러간다. 예수님은 이미 세상의 가장 큰 축복임을 입증하셨다. 그분이 아직 세상을 현재 상태에서 구원하지 못하신 것은 우리 중에 아직 충분히 많은 이들이 예수님의 이상에 따라 생각하고 행동하지 않기 때문이다. 당신과 나와 모든 참된 그리스도인들이 최선에 훨씬 못 미치게 행동해왔음을 고백한다. 기독교의 거대한 흐름을 따를 때 우리는 이 세대를 구원할 희망이 있는 유일한 프로그램을 돕는 것이다.

그리스도는 세상에서 가장 능력 있는 분일 뿐만 아니라 가장 숭고하신 분이다. 웰스(H. G. Wells)가 말하듯이 예수님의 시대 이후로 가장 숭고한 이상들은 모두 예수님의 가르침으로부터 나왔다. 게다가 예수님은 말로 다 표현할 수 없는 그분의 이상을 친히 삶으로 보여주셨다. 그리스도가 누구신지 안다면 인류의 10분의 9는 추상적인 진리를 따르지 않고 예수님을 따를 것이다.

[그리스도로 충만해지기]

그러면 우리가 어떻게 모든 사람이 그리스도를 알도록 도울 수 있을까? 그것이 바울의 질문이었고 지금 우리의 질문이기도 하다. 그리스도가 세상을 정복하시도록 돕는 가장 좋은 방법은 우리 자신의 마음을 그리스도로 가득 채우는 것이다. 우리가 할 수 있는 만큼 그리스도와 그분의 나라에 대해 생각함으로써 우리는 그렇게 할 수 있다. 우리가 그리스도에 대해 생각한다면 필연적으로 그분을 증거하고 그분을 위해 일하게 될 것이다. 그럴 때 다른 사람들은 우리의 말과 행동을 통해 그리스도를 보게 될 것이다.

"마음에 가득한 것을 입으로 말함이라"(마 12:34). 그러나 그에 못지않게 중요한 것은 사람들이 텔레파시를 통해 우리의 생각을 알아챌 거라는 사실이다. 조만간 수천수만의 사람들이 방송을 청취하리라는 것을 안 광고업자들이 라디오 방송을 통해 그들의 메시지를 내보내는 것처럼 말이다. 만일 우리가 매일, 그리고 하루 종일 끈질기게 그리스도를 우리의 생각 속에 둔다면 전 세계 수많은 사람들의 마음 가운데 그리스도에 대한 생각을 보내게 될 것이다.

[복음서에 나오는 예수님의 생애]

어떻게 하면 그리스도로 우리의 마음을 가득 채울 수 있을까? 그리스도의 참모습을 알 수 있는 방법이 딱 한 가지 있다. 사복음서에 나오는 예수님의 생애를 거의 다 외울 정도로 자주 읽는 것이다. 그리스도를 닮기 원한다면 최소 하루에 복음서 한 장은 빠짐없이 읽어야 한다. 매일 정해진 시간에(이른 아침에) 성경을 읽으면 가장 좋은 결과를 얻을 것이다. 잠들기 직전 시간은 좋지 않다. 특히 고된 하루 일과를 마친 후에는 성경 한 장을 읽는 도중에 잠들지도 모른다.

수많은 영적 거장들은 아무도 방해하지 않는 새벽 4시나 5시에 성경을 읽었다.

이 성경 읽기가 지루한 일이 되지 않도록 하기 위해 많은 사람들이 익숙한 본문으로 복음서를 다 읽고 나서 새로운 번역본으로 복음서를 다시 읽는다. 이 복음서를 다 외울 정도로 읽고 나서 스페인어, 프랑스어, 혹은 중국어 등의 복음서를 읽는다. 이것은 새로운 언어를 배우는 좋은 방법이 된다. 매컬리 경(Lord Macaulay)은 인도로 가는 동안 힌디어 신약성경을 읽었다. 인도에 도착했을 때 그가 그들의 언어로 말하고 읽는 것을 본 인도인들이 깜짝 놀랐다고 한다.

우리가 다른 많은 관심사들로부터 주님과의 이 시간을 지키려면 단호한 의지가 필요하다. 바쁜 사람들은 항상 성경 읽기를 다음 날로 미루려는 유혹을 받는다. 그러다가 빼먹는 것이 습관이 된다. 또한 흥미가 점점 사라지고 집중력도 약해지는 것을 발견한다. 우리가 그 시간을 지킬 수 있는 유일한 방법은 이 시간을 하나님과의 거룩한 약속으로 여기고, 방해가 되는 초대를 모두 거절하는 것이다. 더 좋은 것은 온 가족이 함께 성경을 읽고 기도하는 것을 엄숙한 하루의 일과로 매일 지키는 것이다.

[집 안에 성전을 마련하라]

가톨릭 신자처럼 성전을 바라본다면 기도를 더 잘할 수 있다는 사람이 많다. 지금 대부분의 교회는 제단을 사용한다.

쉬지 말고 기도해야 하는 우리가 시간을 보내는 곳마다 우리에게 그리스도를 떠올릴 수 있는 성전들이 필요할 것이다. 우리가 집이나 호텔 방에 가장 좋아하는 그리스도의 그림 앞에 십자가나 성경책을 놓아둠으로써 우리 자신을 위한 작은 성전을 만들 수도 있다. 여행자들 중에 그리스도의 그림을 담은 폴더를 가지고 다니며 새로운 도시에 갈 때마다 펼쳐서 서랍장 위에 올려놓는 사람도 있다. 어느 기독교 지도자는 안에 조명이 들어 있는 커다란 지구본을 가지고 다닌다. 그것은 '세상의 빛'을 나타내는 것이다.

많은 그리스도인들이 모든 방마다 친근한 그리스도의 그림을 걸어둔다. 그들의 신뢰할 수 없는 기억력에 자극을 주기 위한 것이다. 가톨릭 신자들은 그리스도를 생각나게 하는 십자가를 목에 걸고 다닌다. 우리 중에 어떤 도움의 수단 없이 기도도 하지 않는 사람들보다야 그들이 심리학을 더 잘 이용하는 것이다. 목발을 짚고 걷는 것이 아예 걷지 않는 것보다 더 낫지 않은가.

[시간의 틈 채우기]

매일의 경건의 시간이 우리 마음을 그리스도로 채우는 데 필요하기는 하지만, 그것만으로는 충분하지 않다. 하루 종일, 우리가 꼭 해야 하는 일들을 하는 사이사이에, 마음속으로 '다음엔 뭘 하지?'라고 묻는 순간들이 있다. 이런 틈새 시간에 하나님께 물으라.

"하나님, 제 마음속에 하나님의 생각을 부어주소서. 하나님은 제가 지금 뭘 해야 한다고 생각하십니까?"

우리가 그리스도께 "다음에 뭘 할까요?"라고 묻는 것은 그분께 귀를 기울여 우리의 상상력에 그분의 생각을 부어주실 기회를 드리는 것이다. 그것을 끈기 있게 반복하면 습관이 된다. 노력이 좀 필요하겠지만, 투자한 것보다 훨씬 더 가치 있는 일이다. 그것은 어느 곳에서나, 모든 사람에게 가능하다. 우리가 비록 많은 사람들에게 둘러싸여 있더라도 보이지 않는 친구와 조용히 대화를 계속할 수 있다. 꼭 눈을 감거나 자세를 바꾸거나 입술을 움직이지 않아도 된다.

[어떻게 그리스도의 생각을 품을까]

항상 그리스도에 대해 생각한다는 것은 이해하기는 쉬워도 실제로 행하는 것은 쉽지 않다. 하지만 다른 활동을 중단하지 않고도 그렇게 할 수 있는 방법이 있다. 그것은 새로운 사고 방법을 습득하는 것이다. 생각이란 당신의 '내적 자아'에게 말하는 과정이다. 그럴 때 당신 자신에게 말하는 대신 보이지 않는 그리스도께 말해보라. 매일 온종일 그렇게 한다면 온 세상 다른 사람들의 마음이 당신의 마음에 주파수를 맞추는 곳마다 당신이 그리스도를 전파하는 것이다. 수십만 또는 수백만 명의 마음이 더 좋아질 것이다.

당신은 조지 엘리어트(George Eliot)가 〈보이지 않는 성가대〉(Choir Invisible)에서 묘사한 존재가 된다.

감미로운 향기가 되어
더 강하게 퍼져나갈 수 있다면!
그러면 보이지 않는 성가대에 들어가
세상의 기쁨이 되는 음악을 연주하리라.

[그리스도와 대화를 지속하는 법]

가장 고귀한 기도는 상호 간의 대화다.

당신은 조용히, 또는 큰 소리로 이렇게 말할 것이다.

"하나님, 저에게 무슨 말씀을 하고 계십니까?"

하나님의 응답이라고 생각하는 것을 당신 자신에게 말하는 동안 상상력을 완전히 풀어놓으라. 당신은 하나님께서 이렇게 말씀하시는 것을 상상할지 모른다.

"이것은 너와 모든 사람을 위한 것이다. 나는 너의 평생에 이 순간을, 내가 말할 수 있도록 네가 통로를 여는 이 순간을 지금까지 기다려왔다. 나는 너를 위한 놀라운 계획들을 가지고 있다. 그런데 이것은 지금의 너처럼 귀 기울여 듣지 않으면 결코 깨달을 수 없는 것이란다. 온 세상의 문제는 내가 말할 때 사람들이 하던 일을 멈추고 듣지 않는다는 것이다…."

우리의 생각이 그리스도와의 대화로 바뀌면 더 커지고, 더 이타적이고, 더 가치 있고, 더 순수하고, 더 고상해진다. 한 번 해보라!

[피곤할 때]

마음이 너무 지쳐서 골똘히 생각하거나 기도할 수 없을 때 우리가 생각을 통해 흘려보낼 수 있는 가장 사랑스러운 말이 있다.

예수, 예수, 예수.
인간의 혀로 말할 수 있는 가장 감미로운 이름,
천사들이 노래하는 가장 향기로운 이름,
예수, 귀한 예수.

평범하고 사랑스러운 수많은 어머니들이 생활하면서 매 순간 "예수"라고 속삭이는 것이 외교관들의 모든 교활한 책략이나 예수님을 배제하는 철학자들의 세심한 예측보다 인류를 회유하고 구원하는 데 더 큰 역할을 할 것이다. 다른 사람들을 생각하며 그냥 "예수"라고 속삭이는 것이 나 자신뿐만 아니라 다른 사람들의 삶을 위해 우리가 할 수 있는 가장 고귀한 일이다. 영적인 삶은 참된 민주주의다. 초라하고 배우지 못한 사람들에게도 학자에게 주어지는 것과 똑같이 거저 주어지기 때문이다!

[습관으로 만들기]

우리가 평생 그리스도를 빼놓고 생각하는 습관을 들여왔다면 우리의 옛 습관이 얼마나 강한지 알게 될 것이다. 새로운 사고법을 배우는 것은 타이핑 하는 법을 배우거나 피아노를 배우거나 새로운 언어를 배우는 것만큼이나 어렵다. 처음에는 머뭇거리기도 하고 서툴기도 하다. 어려운 기술을 배우는 첫 수업 시간처럼 말이다. 우리는 능숙해지는 데 필요한 시간을 과소평가해서는 안 된다. 그러면 성급하게 "그건 안 되는 일이야"라고 말하게 된다. 하지만 그것은 전혀 근거 없는 생각이다. 하루 만에 잘될 수는 없는 법이다. 1년이 걸려도 완벽하게 익힐 수 없다. 하지만 10년쯤 지나면 거의 완전해질 수 있다. 그러는 동안 매일매일 발전하는 가운데 그 과정에서 우리는 놀라운 기쁨과 만족을 경험하게 되며, 하루하루가 기쁨이 될 것이다. 어쩌면 우리가 좀 더 완전해진 다음보다 아직 배우는 중일 때 다른 사람들에게 더 유익을 줄 수도 있다. 왜냐하면 우리가 그들의 어려움을 이해하고, 그들도 우리의 어려움을 이해하기 때문이다. "최고의 선생은 자신 또한 배우는 사람이다."

　평생을 기도한 사람들조차 하나님의 생각에 온전히 굴복

하신 그리스도의 수준에 도달하지 못한다는 것을 깨닫는다. 언제나 우리가 도달해야 할 높은 기준이 있다. 그것이 우리 삶의 열정을 더해준다.

[예수님의 완전한 순종]

요한복음에는 예수님이 47번이나 하나님의 명령을 따르며, 아버지께서 명령하시기 전에는 어떠한 행동이나 말씀도 하지 않는다고 말씀하셨다. 그분은 하루의 매 순간 보이지 않는 동반자에게 귀 기울이시며 "네"(Yes)라고 말씀하셨다. 이 완전한 순종으로 예수님은 아버지와 하나가 되셨으며, 아버지 하나님께서 아들을 완전히 신뢰하실 수 있었다. 하나님이 아들을 그토록 온전히 사랑하시는 이유가 바로 이것이다.

요한복음에서 예수님이 몇 번이고 반복해서 하신 말씀이 바로 이것이다. 대표적인 몇 구절을 살펴보자.

"아들이 아버지께서 하시는 일을 보지 않고는 아무것도 스스로 할 수 없나니 아버지께서 행하시는 그것을 아들도 그와 같이 행하느니라"(요 5:19).

　"내가 아무것도 스스로 할 수 없노라… 나는 나의 뜻
대로 하려 하지 않고 나를 보내신 이의 뜻대로 하려 하므
로"(요 5:30).

　"내 교훈은 내 것이 아니요 나를 보내신 이의 것이니라"(요
7:16).

　"…내가 스스로 온 것이 아니니라…"(요 7:28).

　"…내가 그에게서 났고 그가 나를 보내셨음이라…"(요
7:29).

　"…나를 보내신 이에게로 돌아가겠노라"(요 7:33).

　"…내가 혼자 있는 것이 아니요 나를 보내신 이가 나와
함께 계심이라"(요 8:16).

　"…내가 그에게 들은 그것을 세상에 말하노라…"(요

8:26).

"…내가 스스로 아무것도 하지 아니하고…"(요 8:28).

"나를 보내신 이가 나와 함께하시도다 나는 항상 그가 기뻐하시는 일을 행하므로 나를 혼자 두지 아니하셨느니라"(요 8:29).

"내가 내 목숨을 버리는 것은… 이로 말미암아 아버지께서 나를 사랑하시느니라"(요 10:17).

"이를 내게서 빼앗는 자가 있는 것이 아니라 내가 스스로 버리노라… 이 계명은 내 아버지에게서 받았노라 하시니라"(요 10:18).

"나와 아버지는 하나이니라"(요 10:30).

"…아버지께서 내 안에 계시고 내가 아버지 안에 있음을…"(요 10:38).

우주의 중심에 이 놀랍고 영원한 조화가 있고, 성부와 성자 간의 이 놀라운 사랑이 있다.

"내가 아버지의 계명을 지켜 그의 사랑 안에 거하는 것같이…"(요 15:10).

"…아버지의 것은 내 것이온데…"(요 17:10).

예수님은 아버지의 신뢰와 사랑을 얻으셨고, 그로써 하나님이 예수님께 세상을 맡기실 수 있었다.

[우리는 가족으로 초청받았다]

우리는 그 놀라운 사랑의 가족으로 초대를 받는다. 그것도 종이 아닌 그리스도의 형제로, 하나님의 아들들로 초대받는다. 예수님은 이것을 다양하게 거듭 말씀하신다. 그것이 바로 예수님이 오신 목적이다.

"내가 너희에게 행한 것같이 너희도 행하게 하려 하여 본을 보였노라"(요 13:15).

"…사람이 나를 사랑하면 내 말을 지키리니 내 아버지께서 그를 사랑하실 것이요 우리가 그에게 가서 거처를 그와 함께하리라"(요 14:23).

"내가 아버지의 계명을 지켜 그의 사랑 안에 거하는 것같이 너희도 내 계명을 지키면 내 사랑 안에 거하리라"(요 15:10).

"너희는 내가 명하는 대로 행하면 곧 나의 친구라"(요 15:14).

"…내가 너희를 택하여 세웠나니 이는 너희로 가서 열매를 맺게 하고 또 너희 열매가 항상 있게 하여 내 이름으로 아버지께 무엇을 구하든지 다 받게 하려 함이라"(요 15:16).

[하나님의 자녀들]

천사보다 더 큰 존재가 되고, 하나님의 아들이신 그리스도와 함께 자녀가 되고, 거룩한 가족의 일원이 되라는 이 놀라운 초청이 예수님이 아버지께 드리는 기도 안에 모두 요약되어 있다.

"아버지께서 내 안에, 내가 아버지 안에 있는 것같이 그들도 다 하나가 되어 우리 안에 있게 하사… 곧 내가 그들 안에 있고 아버지께서 내 안에 계시어 그들로 온전함을 이루어 하나가 되게 하려 함은… 나를 사랑하심 같이 그들도 사랑하신 것을… 아버지여 내게 주신 자도 나 있는 곳에 나와 함께 있어… 이는 나를 사랑하신 사랑이 그들 안에 있고 나도 그들 안에 있게 하려 함이니이다"(요 17:21, 23, 24, 26).

우리는 우주의 중심에 있는 그 놀라운 사랑으로, 단지 구경꾼이 아닌 '자녀'로 초청을 받는다. 이보다 더 명백한 말씀은 없다. 이것을 위해 예수님이 하늘로부터 오셨으니, 곧 "하나님의 자녀가 되는 권세를 주시기"(요 1:12) 위함이다. 그것은 인간의 마음에 품게 된 가장 대담한 개념이다. 그리스도는 "내가 하나님의 아들이나 너희도 그러하다!"라고 말씀하셨다.

예수님은 부활하신 후에 이렇게 말씀하셨다.

"내가 내 아버지 곧 너희 아버지, 내 하나님 곧 너희 하나님께로 올라간다"(요 20:17).

예수님은 우리를 그분 곁으로 초청하신다. 우리는 아버지와 자녀들로 이루어진 한 가족이니, 곧 하나님의 가족이다. 예수님이 자신을 '하나님의 아들'이라 칭하는 것을 사람들이 신성모독이라고 비난했을 때 예수님이 인용하신 이 놀라운 말씀을 우리는 이렇게 이해할 수 있다.

"너희 율법에 기록된 바 내가 너희를 신이라 하였노라 하지 아니하였느냐 성경은 폐하지 못하나니 하나님의 말씀을 받은 사람들을 신이라 하셨거든"(요 10:34,35).

그리고 예수님은 이렇게 덧붙이셨다.

"나는 하나님의 아들이라 하는 것으로 너희가 어찌 신성모독이라 하느냐"(요 10:36).

이것은 단 한 가지를 의미한다. 예수님이 그러셨던 것처럼 우리도 아버지께 온전히 순종하면 하나님의 자녀인 것이다!

[어떻게 하나님의 자녀가 되는가?]

우리는 우주의 중심에서 성자와 성부와 함께 이 깊은 관계 속으로 들어간다. 예수님과 같은 자격을 얻는 것이다. 예수님이 매분 매초 아버지께 순종하신 것처럼 우리도 온전히 순종함으로써 그 자격을 얻는다. 하지만 이것은 우리에게 예수님의 초청을 받아들이는 데 장애물이다. 정말이지 어마어마한 난관이 아닐 수 없다. 예수님이 듣고 순종하셨던 것처럼 우리도 계속해서 하나님의 말씀을 듣고 순종하기로 마음을 먹어도, 그것이 거의 불가능하다는 것을 알게 된다. 어떤 날은 온전히 순종할 때도 있지만 결국 잊어버리거나 그리스도와 하나님으로부터 멀어져 쓸데없는 생각에 빠지고 만다. 그것이 하나님이 우리에게 하라고 하신 일이 아니라는 것을 잘 알면서도 그럴 것이다. 우리는 우리의 시간을 일방적으로 사용한다. 하지만 하나님께 귀 기울인다면 하나님께서는 아마 그 시간을 다르게 사용하라고 말씀하실 것이다. 이것은 "내가 스스로 아무것도 하지 아니하고"라고 말씀하신 예수님의 모습과 너무 다르다. 바로 이것이 온전히 신뢰할 만한 인격과 불안정한 인격의 차이다.

우리가 범하는 실수는 대부분 순전히 잊어버리는 것이다.

종종 우리가 우리의 잠재의식에 속아 의도적으로 잊어버릴 때도 있지만 말이다. 이런 우리의 변덕스러운 모습이야말로 예수님의 약속을 실제로 경험하지 못하는 주된 이유이며, 우리가 그토록 간구하는 일들이 일어나지 않는 이유이다. 물론 우리가 그리스도와 분리되어 있을 때에도 그 일은 일어나지 않는다. 예수님은 "나를 떠나서는 너희가 아무것도 할 수 없음이라"(요 15:5)라고 하셨다. 믿을 수 없을 만큼 광범위한 주님의 약속은 포도나무에 가지가 붙어 있듯이 우리가 그분께 잘 붙어 있을 때 성취될 것이다.

"가지가 포도나무에 붙어 있지 아니하면 스스로 열매를 맺을 수 없음 같이 너희도 내 안에 있지 아니하면 그러하리라… 너희가 내 안에 거하고 내 말이 너희 안에 거하면 무엇이든지 원하는 대로 구하라 그리하면 이루리라"(요 15:4,7).

이 글을 읽는 당신은 우리가 바로 이 지점에서 실패한다는 것을 알 것이다. 즉, 우리 마음이 다른 많은 일들로 분주하여 포도나무에 딱 붙어 있지 못하고 느슨해질 때가 많다. 아마 매일 대부분의 시간을 그렇게 보낼 것이다. 나무에 접붙임 받은 가지가 잘 자라는지 보기 위해 매일 잡아당겨 떼어놓는다면, 어떤 가지가 자랄 수 있겠는가? 곧 죽고 말 것이다!

[멈춰서 후회하지 말라]

내 책《1분 게임》(The Game with Minutes)을 읽고 나서 적어
도 하나님을 1초라도 생각하자는 시도를 지지하는 사람들
이 있었다. 그런데 그들은 자신들의 능력으로는 도저히 그
렇게 할 수 없다는 것을 알고 포기했으며 "성자가 되지" 않
기로 결심했다는 편지를 보내왔다. 인생을 진지하게 받아
들이는 경향이 있는 사람들은 자신을 정죄하는 데까지 이른
다. 그런데 어떤 사람은 그 시도가 자신을 정신 차리게 해
주었다고 말했다. 또 어떤 이들은 내성적인 성향에서 벗어
나게 해주었다고 말한다. '1분 게임'은 게임이라고 부르는
것이 어울린다. 사실 그 누구도 게임에서 항상 이기기만 할
수는 없는 것이다.

　그러나 사실은 시도하는 사람들이 모두 승자다. 시도하
지 않을 때보다 시도하는 것이 더 낫기 때문이다. 제임스 러
셀 로웰(James Russell Lowell)은 "실패가 아니라 낮은 목표
가 죄다"라고 말했다. 점수가 그다지 높지 않다 해도 웃으
면서 다시 시작해보자. 우리에게는 영원한 시간이 있다. 우
리가 올바른 방향을 향하고 있는 한 몇 시간을 잃는다고 해
서 실패한 것은 아니다. 그것은 우리가 영적 근육을 키워가

고 있고, 최고의 잠재력을 발휘할 만큼 가치 있는 일을 시도하고 있다는 뜻이다. 우리는 목표의 크기만큼 자라난다. 계속 시도하게 만드는 목표가 없으면 우리의 영혼은 쓰지 않는 근육처럼 위축되고 만다.

[바로 다시 시작하라!]

하나님은 즉시, 진심으로 우리를 용서해주신다. 우리 자신을 용서하자! '회개하는' 것은 푸념하는 것이 아니라 "뒤로 돌아 다시 올바른 방향으로 움직이기 시작하는" 것이다. 그리스도는 사람들이 새롭게 시작하도록 도와주시는 것을 기뻐하신다. 그분은 비난하는 데서 기쁨을 찾지 않으신다. 오직 우리가 더 높이 올라가도록 도우시는 것만을 기뻐하신다. 지난 시간이 어떠했든지 간에, 그것은 과거일 뿐이다. 우리는 현재에 살고 있고, 생각과 행위에서 최선을 다해 이 시간을 좋게 만들어야 한다. 과거의 죄나 허물들이 우리의 현재를 망치지 못하게 하라! 즉시 거기서 벗어나라. 그리고 이제 새로운 페이지로 넘어가라. 즉시 새롭게 시작하자는 생각을 받아들이는 사람은 평안의 비밀을 간직한 사람이다.

모든 형태의 이기심 중에 가장 미묘한 것은 우리 자신이 다른 사람들보다 더 완전해지기 원하기 때문에 불안해하는 것이다. 가까운 사람이 자신처럼 완벽해지기를 바라지 않는 것이다. 완벽을 추구하는 마음은 성화된 내향이라고 할 수 있다. 하지만 이상적인 것은 마리아처럼 자기 자신을 잊고 예수님의 발치에 앉아 그분의 영광스러운 얼굴을 바라보며 그분의 속삭임을 듣고 그분이 명하시는 일들을 모두 행하는 것이다. 이것이 예수님께서 매 순간 아버지와 함께하시는 일이다.

[웃으면서 인생 게임을 하라]

미국의 지도자들은 대개 항상 미소 짓는 얼굴로 사진을 찍는다. 그렇게 웃는 얼굴과 노래하는 마음으로 하루하루를 맞이하자. 인생은 가장 큰 게임이며, 최선을 다할 때 가장 재미있는 게임이 된다. 일시적인 패배는 결코 중요하지 않다. 우리가 그것 때문에 초조해하거나 억압을 느끼지 않는 이상 아무 문제가 되지 않는다!

로버트 브라우닝(Robert Browning)의 대담하고 건강한 글을 읽어보자.

절대 돌아서지 않고
가슴을 내밀고 앞으로 나아가는 자
구름이 걷힐 것을 의심하지 않고
비록 의가 패배할지라도
불의가 승리할 것을 절대 꿈꾸지 않는
보라, 우리는 일어서기 위해 넘어지고
더 잘 싸우기 위해 패배한다.
깨어나기 위해 잠든다….
우리에게 영원한 시간이 있기 때문이다!

어떤 게임이라도 순전히 즐기면서 할 수 없다면 아예 하지 말아야 한다. 하지만 우리는 모두 인생을 살면서 이 게임을 해야 한다. 그러니까 이왕이면 빛나는 눈과 노래하는 입술로 게임에 임하자. 우리는 밝은 미소를 지을 충분한 이유가 있다. 우리가 스스로 패배하지 않는 한 아무도 우리를 넘어뜨릴 수 없다. 또한 실패하더라도 즉시 다시 시작할 수 있다. 바로 지금!

우리가 그리스도로 충만해지기 위해 특별한 능력이 필요

한 것이 아니다. 특별히 선함을 주장하지 않아도 된다. 어떤 가치나 특별한 과거나 고귀한 혈통, 사회적 인맥이나 돈이 없어도 된다는 것을 하나님께 감사하자. 복음은 모든 사람을 위한 것이다. 어떤 것도 묻지 않는다.

그냥 듣고 "네"라고 말하라. 두려워하지 말고 하나님의 열린 문으로 들어가라. 거기서 하나님이 기다리고 계신다. "하나님의 거리에는 늘 청신호만 있다." 어떤 것도 복음을 이길 수는 없다!

한 친구가 이렇게 항의했다.

"당신은 너무 쉽게 말씀하시는군요. 이것은 세상에서 가장 어려운 일이고, 당신의 가벼운 약속은 사람들을 속이는 것입니다."

그렇다면 치러야 할 대가가 있다는 것을 분명히 밝히겠다. 당신은 물질과 당신 자신을 사랑하지 말아야 한다. 그것을 대신할 수 있는 것은 아무것도 없다. 맘몬과 자아를 숭배하는 것이 모든 삶의 양식 중에서 가장 형편없는 것이다. 과감하게 자아와 물질을 내려놓자! 그리스도와 함께하는 삶을 시작하는 것은 숨 쉬는 것만큼이나 쉽다. 최종 목표는 멀고 멀지만, 그 목표를 향해 하나님과 함께 나아가는 모든 걸음은 하늘나라에 속한 것이다!

06
—
기도를 다시 시작하라

하나님과 함께하는 한 사람이 그렇지 않은 수만 명보다 강할 것이다!

[모든 생각은 행동이다]

루즈벨트, 처칠, 스탈린이 2차 세계대전 중 운명적인 회의를
하고 있을 때 그들은 틀림없이 온 세상을 축복하거나 저주
하는 책임이 자신들에게 있음을 강하게 느꼈을 것이다. 사
람들 사이에서 마음의 라디오가 작동한다면, 그것은 모든
사람이 선과 악에 대해 막중한 책임이 있다는 뜻이다. 또 우
리가 하는 모든 생각이 다른 사람들을 돕거나 해를 끼치고
있다는 뜻이다. 당신이 크게 소리를 친다면 당신의 목소리
가 50야드 정도까지는 들릴 것이다. 하지만 당신이 생각할
때 그 생각은 전 세계로 퍼져간다. 라디오 방송만큼 멀리,
빠르게. 단 하루의 생각이 세계 여론의 거대한 강으로 축복
이나 저주를 쏟아붓는다. 모든 사람이 평생 살아가면서 끊
임없이 흐르는 인류 역사의 물줄기에 좋은 생각이나 해로운
생각들을 수없이 쏟아붓는다. 그래서 시간이 계속되는 동
안 이 세상에 자신의 흔적을 남기게 된다. 생각이 한 사람의
마음에서 다른 사람의 마음으로 옮겨간다면, 이것은 말 그
대로 우리를 두렵게 하는 사실이다.

우리가 모두 그렇게 연결되어 있다고 확신한다면 다른
사람들에게 해가 될 만한 생각은 품지 말아야 한다. 우리는

다음과 같은 생각을 하려고 노력해야 한다.

별처럼 하늘을 수놓으며
온화한 끈기로 사람들을 권고하여
어마어마한 이슈로 나아가게 만드는 숭고한 생각

　착한 사람들의 평범한 생각은 선하지만 작다. 사람들 앞에서 하는 즉흥적인 기도처럼 "그 자체로 끝나는 빈약한 목적들"로 가득하다.

　우리 시대에 가장 긴급히 필요한 것은 "세계적으로 생각하고, 세계적으로 행동하고, 세계적으로 기도하는" 세계적인 마음을 가진 사람들이다.

[우리가 기도할 때 자연에 영향을 미치는가?]

하나님은 우리가 기도할 때 자연의 경로를 바꾸시는가? 이것은 논리로 정할 문제가 아니다. 사실의 문제다. 하나님이 일반적인 자연의 흐름을 바꾸실 수 있는지 묻는 것은 터무니없는 것이다. 과학은 비록 자연의 법칙이 절대 깨지지 않는다고 말해왔지만 하나님은 그렇게 하셨는가, 그렇게 하지 않으셨는가? 하나님이 그렇게 하신다면 하실 것이다. 하나님은 그리스도의 때만큼이나 확실하게, 어쩌면 그만큼 자주 지금 역사하고 계시는 것 같다.

기도하고 놀라운 응답을 받지 못한 사람이 누구인가? 다른 방법으로는 그 많은 군인들을 설득할 수 없었을 것이다. 이 전쟁이 셀 수 없이 많은 거짓말을 만들어내고 있거나, 아니면 기적이 일어나고 있는 것이다. 물고기가 배 안으로 뛰어 들어오고, 새들이 사람들의 머리 위에 앉고, 이상한 바람이 불어와 배를 해안에 닿게 하는 그런 기적들 말이다.

한 가지 이야기를 예로 들어보겠다. 다음은 에디 리켄바커(Eddie Rickenbacker) 대령과 동행했던 조니 바텍(Johnny Bartek) 하사가 쓴 글이다.

하나님의 자비로 뗏목에 오르자마자 우리는 우리가 하나님으로부터 도움을 기대할 만한 상황이 아니었다는 것을 깨달았다. 우리는 매일 서로에게, 또 하나님께 우리의 죄를 고백하며 많은 시간을 보냈다….
그때 우리가 기도했고, 하나님은 우리의 기도에 응답해주셨다. 그것은 실제 상황이었다. 우리에게는 물이 필요했다. 물을 달라고 기도했더니 물을 주셨다. 우리에게 필요한 것을 다 얻은 것이다. 그다음에 물고기를 달라고 구했더니 물고기를 주셨다. 그리고 우리가 고기를 달라고 기도했을 때 고기도 주셨다. 갈매기들이 사람들의 머리 위에 앉아 잡히기만을 기다리는 것이 말이 되는가! 열하루째 되던 날 비행기들이 지나갈 때 우리는 모두 아기들처럼 소리를 질렀다. 그때 나는 하나님께 다시 기도하면서 이렇게 말했다.

"하나님께서 저 비행기 중 한 대가 우리를 위해 다시 돌아오게 해주신다면 제가 하나님을 믿고 다른 모든 사람들에게 이 이야기를 전할 것을 약속합니다."

그런데 정말 한 대의 비행기가 돌아왔고 다른 비행기들은 다 가버렸다. 그것이 그냥 일어난 일이겠는가? 결코 그렇지 않다! 하나님이 그 비행기를 돌려보내주신 것이다!

냉철한 심리학자라면 이 모든 것을 '정신적인 라디오'로 설명하기가 어렵다는 것을 발견할 것이다. 텔레파시가 그 비행기 조종사와 갈매기들, 그리고 물고기까지는 불렀을지 모르지만, 비는 부를 수 없다!

하지만 듀크 대학교의 라인 교수는 주사위를 던질 때 그와 그의 동료들이 정신을 집중하면 주사위가 그들의 뜻에 따르는 경향이 있다는 사실을 발견했다.* 그것이 사실이라면 우리가 아직 모르는 것들이 너무 많다. 우리는 광활한 신대륙의 교두보에 있고, 우리 앞에 무엇이 있는지 상상할 수 없다!

[하나님과 함께하는 창조자]

모든 생각은 창의적이다. 따라서 우리는 세상의 창조자들이다. 하나님과 함께 창조하는 것이다. 하나님은 우리 없이도 세상을 잘 시작하셨지만, 지금은 우리가 하나님을 돕고 있다. 그리고 그것이 문제다! 우리 인간들은 1차 세계대전 이후 우리가 생각하고 계획한 것들을 근거로 1944년의 세상이 만들어지도록 도왔다. 우리의 창조 목적은 매우 악했다. 그것이 우리가 2차 세계대전을 맞게 된 이유이다. 1918년부터 1940년까지 이기적이고 비열한 사람들의 비뚤어진 작은 생각들이 2차 세계대전을 가져왔다. 그들 모두가 추축국(제

---

* *American Magazine*, September, 1944.

2차 세계대전 당시 연합국과 싸웠던 나라들이 형성한 국제 동맹) 편에 섰던 것은 아니다. 하지만 비뚤어지고, 편협하고, 탐욕스러운 작은 생각들이 우리를 지옥의 문턱까지 데려갔다.

그리고 1945년, 우리의 크고 작은 생각들이 1960년의 세상을 만들어가고 있다. 여기에는 두 가지 이유가 있다.

첫째, 모든 생각은 얼마나 강렬하고 오래 남아 있느냐에 따라 현실이 되는 경향이 있다. 생각은 행위를 낳고 행위는 역사를 만든다.

둘째, 우리의 생각은 공간을 뛰어넘어 다른 사람들의 마음속에 다시 나타난다. 그것은 그 생각이 얼마나 강렬하고 오래 남아 있느냐에 비례한다. 생각은 전염성이 있다. 예수님은 "너희가 골방에서 귀에 대고 말한 것이 지붕 위에서 전파되리라"(눅 12:3)라고 말씀하셨다. 그렇다. 당신의 생각들도 크게 소리친다. 비록 소리치는 사람이 당신이라는 것을 다른 사람들은 모르겠지만 말이다!

[내가 너희를 신이라 하였노라
하지 아니하였느냐]

그리스인들은 신들이 올림푸스(Olympus)에 있다고 믿었
다. 그러나 예수님의 말씀이 옳다면, 하나님은 우리가 생각
하는 모든 것을 창조하도록 돕기 위해 이 땅에 무수히 많은
작은 신들을 두셨다. 우리는 전적인 '하나님의 자녀들'이다.
우리의 생각은 세상이 내일 입을 옷을 짓는 실들과 같다. 당
신과 나는 오늘 우리의 생각 속에서 내일의 한 조각을 만들
었다. 우리는 스스로 도울 수 없다. 우리는 그것을 모르는
신들이다. 우리가 그것을 믿기를 거부하고 있는지도 모르
지만 말이다. 이 책임에서 벗어날 방법은 없다. 우리는 책임
에 맞게 살아야 한다.

[옳고 그름이 거의 균형을 이루고 있다]

우리는 이렇게 물어야 한다.
"내 생각이 실현될 때, 그리고 그 생각이 전 세계를 넘나
들며 다른 사람들의 마음속에 동일한 생각을 품게 할 때,

내 생각이 우리가 진정으로 원하는 세상을 만들고 있는 것인가?"

나는 20억 세계 인구 중 한 명에 불과하지만, 나의 생각은 다른 사람들의 생각만큼 창의적이다. 당신의 생각도 마찬가지다. 사람들이 읽고 말하고 행동하는 것으로 판단해 보면, 인류 가운데 선한 생각과 악한 생각, 큰 생각과 작은 생각들이 섞여 있다. 그것들을 서로 대조하며 살펴볼 수 있다면 꽤 많은 부분이 상쇄될 것이다. 어떤 사람은 옳은 생각과 잘못된 생각의 총합이 거의 균형을 이룰 거라고 짐작한다. 풍선이 떠 있는 것처럼, 올라가지도 못하고 내려가지도 못하고 머뭇거리고 있는 것이다. 우리 세상은 한동안 올라가다가 내려가고, 또다시 올라가는 것처럼 보인다. 이 전쟁 기간 동안 세상은 급강하했다. 하지만 우리 중에 몇백만 명이 항상 올바른 생각을 하기로 결심한다면 상황을 다르게 전환시킬 수 있다고 나는 믿는다. 또한 하나님의 도우심으로, 우리의 오래되고 악한 지구가 더 이상 추락하지 않고 올라가게 할 수 있을 것이다.

이 세상이 정말 균형에 가까운 상태라면, 당신과 나의 생각이 결정적인 역할을 할 것이다. 이 세상을 지옥으로부터 구할지도 모른다. 우리가 높고 크고 창의적인 생각을 함으로써 얼마나 선한 일을 많이 할 수 있는지 우리는 모른다. 다만 우리 모두가 중요하다는 것은 안다. 우리가 얼마나 중요한지는 하나님만이 아신다.

[우리가 하나님을 지체하시게 했다]

작자 미상의 탁월한 책, 《하나님의 부르심》(God Calling)에서는 그리스도께서 이런 말씀을 하신다고 밝혔다.

"내가 나의 재림을 미루는 것이 아니라 나를 따르는 자들이 그것을 지체시키고 있다…. 나를 주와 그리스도로 고백하는 자들이 모두 아무 거리낌 없이 자신을 내어주어 내가 사용할 수 있도록 한다면 곧 세상이 내게 주어질 것이다…. 나는 각 사람의 몸을 하나님의 사랑과 능력을 위한 통로로 사용할 수 있다."

이 같은 장면, 즉 인간의 불순종 때문에 마음이 상하고 지체되신 하나님의 모습이 성경에 가득하다. 에덴동산에서 쫓겨난 아담의 영원한 의미가 이것이다. 또한 노아 시대의 홍수가 의미하는 바가 이것이다. 그때 하나님이 "땅 위에 사람 지으셨음을 한탄하사 마음에 근심하시고"(창 6:6)라고 했다. 광야 40년에 관한 이야기는 하나님이 지체되셨음을 명백히 보여준다. 바벨론 포로기는 지체되고 실망하신 하나님을 의미한다. 그 이야기는 예언서의 거의 모든 페이지에 기록되어 있다. 예루살렘을 바라보며 우시는 그리스도야말로 성경 전체의 하나님을 대변하신 것이다.

"암탉이 제 새끼를 날개 아래에 모음 같이 내가 너희의 자녀를 모으려 한 일이 몇 번이냐 그러나 너희가 원하지 아니하였도다 보라 너희 집이 황폐하여 버린 바 되리라"(눅 13:34,35).

우리의 세상은 파멸을 향해 가고 있는가, 아니면 구원받을 수 있을까? 하나님은 아직 마음을 정하지 않으셨을지도 모른다. 어쩌면 우리의 행동이 그것을 결정하시도록 할 것이다. 하나님의 계획은 우리가 스스로 마음을 정하게 하시려는 것인지도 모른다. 이것이 하나님께서 각 사람에게 하시는 일이다. "누구든지 나아오라." 이것이 열방과 시대를 다루시는 하나님의 방법인지도 모른다. 즉 우리가 스스로 심판하게 하시는 것이다. 하나님은 우리가 형제처럼 서로 협력하지 않는다면 이 세대가 스스로 멸망하게 내버려두실 것처럼 보인다. 에스겔서 18장처럼 정확히 그렇게 말하는 예언서의 말씀을 인용하자면 50페이지도 더 될 것이다.

그 말씀은 개인에 대한 것뿐만 아니라 그들의 나라, 이스라엘에 대한 것이기도 하다. 성경 전체가 "만약… 하면"이라는 말을 중심으로 전개된다. 사람들이 결국 무엇을 할지는 불확실하다. 만약, 만약, 만약!!! 그렇지 않으면, 그렇지 않으면, 그렇지 않으면!!! 하나님의 뜻은 명확하다. 다만 인간의 의지가 아직 결정되지 않은 상태에 있고, 인간이 어떤 결정을 하느냐에 따라 이 세대의 운명이 좌우될 것이다. 그것이 바로 성경의 메시지이며 틀림없는 과학의 메시지이다. 하나님의 법은 변하지 않는다. 순종하면 살고, 불순종하면 멸망할 것이다.

이 심판은 외적인 행위에만 달려 있지 않다. 그것은 마음속 깊은 곳까지 들어간다.

"하나님의 말씀은 살아 있고 활력이 있어 좌우에 날선 어떤 검보다도 예리하여 혼과 영과 및 관절과 골수를 찔러 쪼개기까지 하며 또 마음의 생각과 뜻을 판단하나니… 우리의 결산을 받으실 이의 눈앞에 만물이 벌거벗은 것같이 드러나느니라"(히 4:12,13).

어떤 사람은 이 어마어마한 책임에 당혹해한다.

"당신은 내가 세상의 운명을 결정하는 것을 돕는다고 말씀하고 계십니다. 하지만 저는 그것에 대해 아무것도 할 능력이 없습니다."

능력이 없다고? 반대로 당신은 엄청난 능력을 가지고 있다. 바로 오늘 당신의 생각이 지금 이 세상의 모습으로 만들어놓았다. 당신의 생각이 하나님과 완전한 조화를 이룰 때 우주의 거대한 힘이 중력처럼 사물과 사람들을 당신의 방향으로 끌어당긴다. 당신이 하나님의 방향으로 가고 있기 때문이다. 하나님과 함께하는 한 사람이 그렇지 않은 수만 명보다 강할 것이다!

[세상에서 가장 위대한 진리]

당신과 내가 1965년을 책임질 것이다. 우리가 우리 자신의 책임을 부인하더라도 사실은 달라지지 않는다. 탈출구는 단 하나, 피하는 것이 아니라 난관에 잘 대처하는 것이다. 이것이 사실이라면 이것이 모든 사람에게 우주에서 가장 중요한 진리가 될 것이다. 이보다 더 경외심을 일으키고, 마음을 사로잡고, 압도적이고, 무시무시한 것이 또 뭐가 있겠는가? 당신과 내가 우리 왕의 기대에 부응하지 못한다면 우주가 대가를 치르게 될 것이다!

그리스도의 도우심으로 우리가 그분의 생각을 품을 수 있다는 다행스러운 사실을 몰랐다면, 아마 이것을 깨달음으로써 오는 막중한 책임감에 미쳐버렸을지도 모른다. 우리가 우리의 생각을 하나님과 공유할 때 세계의 미래에 대한 거대한 책임이 하나님의 어깨 위로 넘겨진다. 하나님은 우리를 위해 너무나 버거운 것을 떠안으시고, 능력을 공급해주신다. 성경에 나오는 사도 바울의 말은 진실이다. 즉 하나님은 "우리 가운데서 역사하시는 능력대로 우리가 구하거나 생각하는 모든 것에 더 넘치도록 능히 하실 이"이시다(엡 3:20).

사람이 하나님을 향해 마음의 창을 열 때마다 하나님이 그에게 무엇을 해야 할지 말씀해주시며, 그가 그 일을 하도록 도와주신다. 그래서 그 사람은 '더 넘치도록' 생각하고 행한다.

> 우리는 할 수 있다!
> 충분히 많은 사람이 모이면 할 수 있다!

우리는 할 수 있다! 더 이상 기다릴 필요가 없다! 지금 우리의 능력으로 할 수 있다! 우리가 원하는 즉시 평화와 정의와 행복의 세계, 하나님의 나라를 이룰 수 있다. 사람들이 그리스도를 사랑하고 서로를 사랑한다면, 모든 새로운 과학적 발견들이 인류에 도움이 될 수 있다. 하지만 군인들이 자기가 아끼는 모든 것을 포기해야 하듯이 우리가 대가를 치러야 한다. 세계를 위해 우리가 일상적으로 하는 작은 생각들을 대부분 버려야 할 것이다.

비그리스도인들은 하나님의 문제에 거의 절반밖에 차지하지 않는다. 나머지 절반은 옆에 가만히 앉아서 돕지 않는 그리스도인들이다. 그들이 할 수 없거나 하지 않으려 하는 것이 문제가 아니라, 다만 그들이 어떻게 할지 모른다는 이유로 하지 않는 것이 문제다. 우리 세대를 구원하는 데 있어서 우리 각 사람이 얼마나 중요한지, 얼마나 두려울 정도로 중요한지 안다면 훨씬 더 많은 사람들이 이 게임에 동참할 것이다. 우리가 하나님나라를 위해 국면을 전환시키도록 돕는 것이 얼마나 쉬운 일인지 안다면, 또 항상 어디에 있든지 간에 우리의 바른 생각이 하나님과 다른 사람들 사이에 다리를 놓아준다는 것을 안다면 말이다. 그 다리는 하나님의 뜻이 이 땅에서 이루어지기 위해, 또 이 세대가 자멸하지 않고 구원받기 위해 필요한 다리이다.

[우리가 지금 세상을 변화시킬 수 있다]

우리에게는 지금 세상을 변화시키기에 충분한 그리스도인들이 있다. 그들의 생각이 항상 그리스도의 편에 있다면 충분히 가능한 일이다. 하지만 그들은 그 생각이 그들 자신의 것이라고 생각하며, 따라서 그들의 생각 중에 어떤 큰 부분이 나머지 부분을 없애버린다. 많은 사람들이 다른 사람들의 악한 행위를 정죄하는 상상을 하며 즐거워한다. 스캔들이 그토록 인기가 있는 이유가 여기에 있다! 우리의 가정이 옳다면, 우리의 입으로 기분 좋게 위선을 떨며 다른 사람들을 비난할 때 우리는 악을 돕는 것이다. 우리는 선의를 가진 사람들의 마음을 동원하여, 그들이 좋은 생각들을 모아 강력한 총공격을 하도록 해야 한다. 그럴 때 우리 모두 함께 선한 쪽으로 형세를 전환시키고, 세상을 새로운 차원으로 끌어올릴 것이다. 비록 비열한 사람들의 이기적인 생각들이 남아 있더라도 말이다.

사람들에게 필요한 원칙은 이것이다.

당신이 싫어하는 일들이 아니라 꼭 이루어져야 하는 일들에 생각을 고정시켜라. 우리가 반대하는 일들은 무관심하게 내버려두면 사라진다. 왜냐하면 우리가 어떤 것들을 생각하면 그것을 돕고 있는 것이기 때문이다. 우리가 반대하는 것을 생각할 때도 마찬가지다!

[선한 생각이 우리 자신에게 미치는 반작용]

이 책을 읽는 일부 독자들은 이렇게 중얼거리고 있을지도 모른다.

"기도와 바른 생각이 나에게 어떤 영향을 미치는지에 대해서는 거의 말해주지 않잖아! 전부 다 내가 다른 사람들을 위해 뭘 할 수 있느냐에 대한 얘기뿐이야."

그 부분이 생략된 것은 의도적인 것이다. 기도를 통해 당신 자신을 돕는 것에 관한 책들은 이미 충분히 많이 있다. 어떻게 하면 당신이 원하는 것을 얻는지, 어떻게 하면 부를 얻는지, 어떻게 하면 건강을 찾는지, 어떻게 하면 유명해지는지, 어떻게 하면 천국에 가는지에 관한 책들 말이다. 하지만 이 세계가 피투성이가 되어 역사상 최악의 위기에 직면해 있고, 물에 빠져 죽어가는 사람처럼 부르짖고 있는 이 시대에, 우리가 세계를 구하러 가면 우리에게 어떤 유익이 주어질지 묻는다면 그것은 경멸을 당할 만큼 이기적인 것이다.

그럼에도 불구하고 이것만큼은 이야기하려고 한다. 다른 사람들을 위해 기도하는 습관이 당신을 고귀하게 만든다.

당신의 생각이 더 넓어지고 높아진다.
당신의 이기심이 사라진다.
당신이 그리스도를 닮게 된다.
당신은 인류를 축복한다.
당신을 아는 모든 사람들에게 사랑을 받는다.
당신이 그리스도의 미소로 빛이 나기 때문에
사람들이 당신을 아름답다고 생각한다.
당신은 쌓아두는 것이 아니라 나눠주는 데서 기쁨을 얻는다.

"자기 목숨을 잃는 자는 얻으리라"(마 10:39).
당신 자신의 삶을, 무엇을 먹고 입을까를 생각하지 말라.
"너희는 먼저 그의 나라와 그의 의를 구하라 그리하면 이 모든 것을 너희에게 더하시리라"(마 6:33).
이런 개인적인 생각들은 한 단락으로 일축해버리고, 다시 한 번 다른 사람들을 돕는 일에 초점을 맞추도록 하자. 우리는 하나님의 능력과 세상의 필요를 연결해주는 통로가 되어야 한다. 우리가 자신에 대한 생각을 많이 할수록 하나님과 그분의 세상 사이의 통로는 더 좁아진다. 그리고 우리 자신을 버릴수록 다른 사람들에게 더 넓은 축복의 통로가 된다. 사람들은 칭찬받거나 자신에게 어떤 이익이 주어지지 않는 한 다른 사람들을 도우려고 하지 않는다. 그것은 하나님이 그분의 나라를 이루어 가시는 데 '장애물'이 된다. 하나님께 가장 필요한 것은 단지 이기적이지 않은 마음이 아니라 이타적인 마음, 하나님의 사랑을 위해 활짝 열린 통로이다.

천국과 지옥에 대한 유명한 우화가 있다. 지옥에서 사람들은 식탁에 마주 앉아 있지만 팔이 앞으로만 곧게 뻗어 있어 입으로 음식을 가져올 수가 없다. 천국에서도 사람들이 똑같은 식탁에 똑같이 곧은 팔로 둘러앉아 있지만 한 가지 다른 점이 있다. 식탁을 사이에 두고 서로 음식을 먹여준다는 것이다. 그 우화가 실제 천국과 지옥에 관한 사실은 아니더라도 지금 우리의 세상을 보여준다는 것만큼은 사실이다. 모든 굶주림은 우리가 너무 이기적이어서 서로 먹여주지 않기 때문이다. 우리의 생각과 우리의 기도 또한 너무나 자기중심적이었다.

하나님은 원자 안에 갇혀 있는 궁극적인 힘을 우리가 과학으로 알아내도록 허락하셨다. 원자력은 다이너마이트보다 3천만 배는 더 강력하다. 지금 과학자들은 사람들이 이 엄청난 힘을 사용하여 세상을 파멸시킬까 봐 두려워하고 있다. 그러나 하나님은 우리의 기도를 통해서 하나님께서 인류가 자멸하지 않도록 구원할 수 있는 유일한 능력이 됨을 영적 세계에서 보이실 것이다. 기도는 우리가 할 수 있는 크고 유일한 공헌이다. 또 그것으로 충분하다.

[이것은 가보지 않은 길이다]

당신의 공헌은 모든 상상을 초월할 만큼 거대할 수 있다. 그것은 오직 한 가지에 달렸다. 즉 당신이 하나님나라와 관련된 일에 얼마나 많은 시간과 마음과 생각과 영혼과 힘과 기도를 바치느냐에 있다.

그것이 사실이라면, 이 책에 담긴 진리야말로 모든 진리 중에 가장 중요한 진리다. 하나님의 생각에 우리의 생각이 더해져서 미래가 창조된다! 아무리 바보라도 이 엄청난 도전을 무시하지 않을 것이다. 우리는 모두 양심을 품지 말고, 편견을 갖지 말고, 작아지지 말아야 한다. 우리의 어리석음과 양심과 편견과 편협함이 우주를 오염시키고 있기 때문이다. 우리는 하나님의 자녀들에게 걸맞은 생각, 1965년의 세계를 창조하는 사람들다운 생각, 그 이상의 생각들을 품어야 한다.

그러면 이제 같이 기도하자.

"하나님, 저의 기도를 사용하여 UN의 대표들과 공직자들이 하나님의 지혜의 필요성을 강하게 느끼도록 도와주옵소서. 그들이 기도하고, 간절한 마음으로 하나님께 경청하고, 하나님의 말씀을 올바로 듣고, 그 말씀에 온전히 순종하게 하소서. 저의 기도를 사용하여 세상 모든 곳의 그리스도인들이 막중한 책임감을 느끼게 하옵소서. 기도하고, 하나님께 귀 기울이고, 그 말씀을 올바로 들으며, 온전히 순종해야 할 책임을 절감하게 하소서. 성령님이 인류에게 부어지는 열린 통로로 저를 사용하여주옵소서."

돕는 기도

초판 1쇄 발행	2015년 12월 21일
지은이	프랭크 루바
옮긴이	유정희
펴낸이	여진구
책임편집	3팀 ㅣ 안수경, 유혜림
편집	1팀 ㅣ 이영주, 김수미 2팀 ㅣ 최지설, 김나연 4팀 ㅣ 김아진, 김소연
책임디자인	이혜영, 마영애 ㅣ 전보영
해외저작권	김나은
마케팅	김상순, 강성민, 허병용, 이기쁨 마케팅지원 최영배, 이명희
제작	조영석, 정도봉 경영지원 김혜경, 김경희

이슬비전도학교   최경식, 전우순   303비전성경암송학교   박정숙, 정나영, 정은혜
303비전장학회 & 303비전꿈나무장학회   여운학

펴낸곳   규장

주소 137-893 서울시 서초구 매헌로 16길 20(양재2동) 규장선교센터
전화 02)578-0003   팩스 02)578-7332
이메일 kyujang0691@gmail.com   홈페이지 www.kyujang.com
트위터 twitter.com/_kyujang   페이스북 facebook.com/kyujangbook
등록일 1978.8.14. 제1-22

ⓒ 한국어 판권은 규장에 있습니다.
이 출판물은 저작권법에 의해 보호를 받는 저작물이므로 무단 전재와 무단 복제를 할 수 없습니다.

책값   뒤표지에 있습니다.
ISBN 978-89-6097-433-3 03230

규 ㅣ 장 ㅣ 수 ㅣ 칙

1. 기도로 기획하고 기도로 제작한다.
2. 오직 그리스도의 성품을 사모하는 독자가 원하고 필요로 하는 책만을 출판한다.
3. 한 활자 한 문장에 온 정성을 쏟는다.
4. 성실과 정확을 생명으로 삼고 일한다.
5. 긍정적이며 적극적인 신앙과 신행일치에의 안내자의 사명을 다한다.
6. 충고와 조언을 항상 감사로 경청한다.
7. 지상목표는 문서선교에 있다.

하나님을 사랑하는 자 곧 그의 뜻대로 부르심을 입은 자들에게는 모든 것이 合力하여 善을 이루느니라(롬 8:28)

규장은 문서를 통해 복음전파와 신앙교육에 주력하는 국제적 출판사들의
Member of the Evangelical Christian Publishers Association   협의체인 복음주의출판협회(E.C.P.A:Evangelical Christian Publishers Association)의 출판정신에 동참하는 회원(Associate Member)입니다.